DES EFFETS DE LA TRANSCRIPTION

DES

DONATIONS

PAR

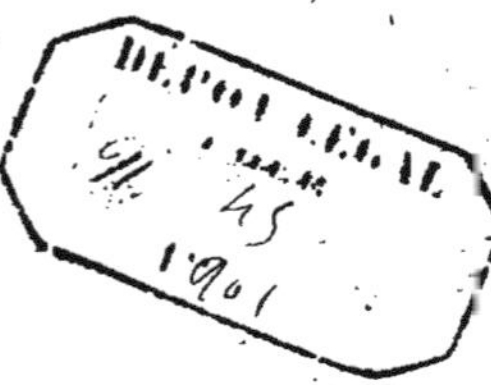

MAURICE DAUCHEZ

THÈSE POUR LE DOCTORAT

Présentée et soutenue le mercredi 23 novembre à 1 h. du soir

Président : M. PLANIOL, *professeur*

Suffragants : { MM. LESEUR, CHÉNON, } *professeurs*

PARIS

ANCIENNE LIBRAIRIE THORIN ET FILS

ALBERT FONTEMOING, ÉDITEUR

LIBRAIRE DES ÉCOLES FRANÇAISES D'ATHÈNES ET DE ROME
DU COLLÈGE DE FRANCE, DE L'ÉCOLE NORMALE SUPÉRIEURE
ET DE LA SOCIÉTÉ DES ÉTUDES HISTORIQUES

4, RUE LE GOFF, 4

1898

THÈSE
POUR LE DOCTORAT

FACULTÉ DE DROIT DE PARIS

DES EFFETS DE LA TRANSCRIPTION

DES

DONATIONS

PAR

MAURICE DAUCHEZ

THÈSE POUR LE DOCTORAT

Présentée et soutenue le mercredi 23 novembre à 1 h. du soir

Président : M. PLANIOL, *professeur*

Suffragants : MM. LESEUR, CHÉNON, *professeurs*

PARIS

ANCIENNE LIBRAIRIE THORIN ET FILS

ALBERT FONTEMOING, ÉDITEUR

LIBRAIRE DES ÉCOLES FRANÇAISES D'ATHÈNES ET DE ROME
DU COLLÈGE DE FRANCE, DE L'ÉCOLE NORMALE SUPÉRIEURE
ET DE LA SOCIÉTÉ DES ÉTUDES HISTORIQUES

4, RUE LE GOFF, 4

1898

DES EFFETS

DE LA

TRANSCRIPTION DES DONATIONS

EN

DROIT FRANÇAIS

INTRODUCTION

De tous temps les donations ont été entourées de formalités particulières destinées à les rendre publiques. Cette publicité a de grands avantages, soit pour protéger le donateur contre des libéralités irréfléchies quelquefois même honteuses, soit pour protéger les familles contre les dissipations clandestines, soit enfin pour prévenir les tiers contre les fraudes auxquelles un donateur, une fois dépouillé, aurait pu se livrer en abusant de son crédit : « ne quis clam facta donatione, creditores fraudare possit ». (Voët, ad. *Pand.*, L. XXXIX, t. V, n° 15).

Sans remonter plus haut que la législation romaine, nous voyons déjà que la loi Cincia, en rendant plus difficile la perfection des donations, assurait à ces actes une publicité indéniable. Mais le législateur ne s'était préoccupé que de l'intérêt du disposant et de sa famille ; ce qui était évidemment insuffisant, aussi voyons-nous apparaître bientôt la nécessité pour les donations d'être insinuées (commencement du IV° siècle). L'origine de cette formalité paraît remonter aux *professiones apud acta* (Fragments du Vatican, § 266 à 268).

Sous Alexandre Sévère, il était d'usage d'aller déclarer devant le magistrat qu'on se faisait une donation. Cet usage fut transformé en loi par Constance Chlore qui voulut ainsi protéger les tiers et le donateur (Loi 25, c. de Donat. L. 1, C. Théod. de Spons).

Modifiée par Constantin (L. 27, c. de Donat.) par Théodose et Valentinien (L. ult., C. Théod. de Spons), cette formalité n'était obligatoire sous Justinien que pour les donations excédant 500 solidi (constitution de 531, L. 36, § 3, c. de Donat). Elle consistait en la copie textuelle de l'acte sur des registres à ce destinés (Frag. vatic., § 249).

La formalité de l'insinuation survécut en Occident à la chute de l'Empire romain. Marculfe nous a conservé plusieurs formules d'insinuation. De Savigny (*Histoire du droit romain au moyen-âge*, chap. 4, § 45) en cite des exemples. Mais en général cette formalité n'était pas très répandue. La publicité des donations était assurée dans les pays de nantissement par des formalités qui, sous le nom de « vest et devest » — « saisine et dessaisine » — « adhéritance et déshéritance » — « devoirs de la Loi » — « mise de fait » — « main-assise » — « en établissant l'impossibilité d'aliéner ou de charger aucun héritage sans le secours du nantissement, prévenaient les fraudes et les stellionats » (Placard de Charles-Quint, du 10 février 1538).

Ce n'est que lorsque l'usage des traditions feintes se fut répandu que l'utilité de l'insinuation se manifesta. « Du temps de la réalité de nos coutumes, disait Ricard, l'insinuation n'était nullement connue dans ce royaume, mais l'usage des traditions par voies feintes, y ayant été introduit... les mêmes inconvénients que cet usage avait introduits chez les Romains, savoir, la facilité de frauder les créanciers au moyen de ce que les possessions demeuraient incertaines et les donations immenses, auxquelles le secret donnait lieu, ayant été aperçues, nos rois ont été obligés d'y apporter les mêmes remèdes en établissant la nécessité de l'insinuation. » (2ᵉ partie, n° 1084.)

De nombreuses ordonnances réglèrent alors la matière : ordonnance de Villers-Cotterets de 1539 — de Moulins (1566). — Déclaration du 16 septembre 1612.

— Ordonnance de 1629. — Déclarations de 1645 et
de 1670. — Edits de 1703 et de 1705. — Déclarations de 1710-1714-1729-1731. — Ordonnance de
février 1731.

Contrairement à ce qui se passait en droit romain,
le donateur ne pouvait pas se prévaloir du défaut d'insinuation, pas plus d'ailleurs que ceux qui, adminis-
trateurs des biens du donataire, se trouvaient respon-
sables envers le donateur du défaut d'insinuation.
(Merlin, rep., don mutuel, § 3.)

« L'insinuation a été ordonnée en faveur des tiers
qui contractaient avec le donateur depuis la donation,
afin que l'ignorance dans laquelle ils seraient de la
donation ne pût les induire en erreur, comme aussi
en faveur de ses héritiers, de peur que l'ignorance de
la donation ne pût les porter à accepter mal à propos
sa succession. (Pothier, *introduction au t. XV de la
Cont. d'Orléans, n° 45. — Et des Donations entre
Vifs. Section II, art.* 3.)

Donc, le donataire qui n'avait pas fait insinuer,
quoique non propriétaire du bien qu'il possédait, ne
laissait pas de jouir à certains égards des effets d'une
propriété véritable, et l'on peut dire en général que ses
droits étaient les mêmes dans tous les cas où il n'y
avait pas de tiers intéressés que s'il avait insinué.

Cet état de choses dura jusqu'à la loi du 11 brumaire, an VII, qui, dans son article 26, exigeait « la transcription des actes translatifs de biens et droits susceptibles d'hypothèques » en décidant « que jusque-là ces actes ne pourraient être opposés aux tiers qui auraient contracté avec le vendeur et qui se seraient conformés aux dispositions de la présente loi ».

Mais cette loi n'avait pas supprimé l'obligation de faire insinuer les donations. Différentes lois réglaient même les conditions et les formes de l'insinuation (Lois des 5-19 décembre 1790, art. 1er — du 22 frimaire, an VII, art. 72). Il en résultait donc que, sous l'empire de la législation intermédiaire, les donations de biens susceptibles d'hypothèque devaient être cumulativement insinuées au greffe des Tribunaux de district, et transcrites sur les registres du bureau de la conservation des hypothèques. Un arrêt en sens contraire, rendu par la cour de Grenoble, le 25 mars 1807 (*Pand. chron.*), est généralement condamné (C. Cass., 2 avril 1821. D., A., 5-560. Demolombe, t. IV, n° 240).

Tel était l'état de la législation lorsque les auteurs du Code eurent à régler la matière.

Le projet du Code Napoléon, publié en l'an IX, proposait (V. L. 3, t. IX, n° 55) de maintenir la formalité de l'insinuation. « L'insinuation, disait Tronchet, a, dans son principe et dans ses effets, un objet beaucoup plus étendu et beaucoup plus avantageux que la transcription » (V. Fenet,t. XII, p. 361. — Grenier, *Hypoth.*, t. II, n° 359). Mais la section de législation du Conseil d'Etat proposa de supprimer l'insinuation. Son avis prévalut, et les articles 939 et suivants du Code civil furent votés (1).

Mais, des discussions qui eurent lieu à ce sujet, et sur la portée desquelles on discute, et de ce fait que la transcription en matière hypothécaire ne fut maintenue que comme préliminaire de la procédure de purge, il résulte que des doutes sont nés dans l'esprit des commentateurs sur le sens et la portée de la transcription des donations.

Le législateur du Code civil a-t-il entendu conserver purement et simplement la loi de brumaire ? Est-ce au contraire l'insinuation sous un autre nom, ou bien est-ce une institution nouvelle participant à la fois de la nature de l'une ou de l'autre ? Grave question qui domine la matière et qu'il nous faudra examiner.

Il est en tous cas hors de doute que la transcription

(1) L'insinuation n'a pas encore disparu aujourd'hui. Nous en retrouvons des traces dans les législations étrangères.

D'après le Code de la Bolivie, « Toute donation..., si elle excède 2.500 francs, ne pourra être faite que par acte public et avec insinuation judiciaire » (art. 1050 du code de 1834.)

L'article 32 du « Droit municipal compilé sous de Rohan », de l'Ile de Malte, prescrit l'insinuation de toutes les donations.

dont parle 939 C. C. a été édictée dans le but de protéger les tiers et non pas le donateur (art. 941, C. C.).

Depuis lors, le législateur a pensé qu'il y avait juste raison d'étendre la transcription aux transmissions de propriété immobilière à titre onéreux. Ainsi s'est trouvé remis en vigueur, avec de nouveaux développements et sur une base plus large, le système de la loi de brumaire. La loi du 23 mars 1855 est venue combler la lacune du Code civil, si bien qu'aujourd'hui les mutations de propriété immobilière doivent être transcrites soit en vertu du C. C., soit en vertu de la loi de 1855.

Mais la loi de 1855 n'est-elle applicable qu'aux mutations de propriété à titre onéreux ainsi que semble, à première vue, vouloir le dire l'article 11 *in fine* de cette loi. « Il n'est point dérogé aux dispositions du Code Napoléon, relatives à la transcription des actes portant donations... »

L'intérêt de la question est considérable, car, si la transcription opérée produit les mêmes effets, qu'elle soit exigée par le C. C. ou par la loi de 55, il n'en est pas de même du défaut de transcription.

Si la sanction que la loi de 55 a établie en cas d'inobservation de ses dispositions est la même, dans son essence, que celle établie par le C. C., et consiste, comme cette dernière, dans la possibilité qu'ont certaines personnes de se prévaloir de l'inaccomplissement de cette formalité, ces personnes sont loin d'être les mêmes. Et tel qui pourrait invoquer le défaut de transcription d'un acte soumis à cette formalité par le C. C. ne serait pas admis à le faire, si l'acte devait être transcrit en vertu d'une disposition de la loi de 55.

Il y a donc un intérêt considérable, avant de rechercher les effets que produisent la transcription et le défaut d'accomplissement de cette formalité, à savoir si la loi de 55 est applicable aux donations, ou si, au contraire, la publicité des donations reste exclusivement régie par le Code civil.

Nous rechercherons ensuite quelles sont les personnes admises à se prévaloir du défaut de transcription, d'après le Code civil d'abord, et ensuite, s'il y a lieu, d'après la loi de 55.

Ayant ainsi indiqué les effets du défaut de transcription des donations, il nous sera facile de préciser les effets que produit l'accomplissement de cette formalité.

Avant d'examiner ces différentes questions, essayons d'éclairer la matière en recherchant à quelle évolution elle a obéi et en précisant les différents buts que les législateurs se sont successivement proposés, en soumettant les donations à la publicité.

Les motifs qui, de tous temps, ont poussé les législateurs à entourer les donations de formalités particulières dérivent toutes d'une idée de protection.

Au début, protection du donateur qui ne trouve pas dans les contrats de bienfaisance la même sauvegarde que dans les contrats à titre onéreux « rien ne les défendant contre les entraînements du cœur, l'obsession des tiers intéressés, la séduction redoutable des passions » (Dalloz, *Rep. Don. entre-vifs*). Cette idée ne fait soumettre à la publicité que les donations excédant un certain taux et fait accorder au donateur le droit d'invoquer le défaut de publicité.

Bientôt apparaît l'idée qu'il faut protéger les familles contre les dissipations clandestines qui pourraient frustrer les héritiers des biens sur lesquels ils ont pu fonder de légitimes espérances, et prémunir les tiers contre les fraudes possibles, fraudes d'autant plus à craindre que les donations sont souvent faites avec réserve d'usufruit et que « les tiers qui voient les donateurs toujours jouissants, et la même face et figure de patrimoine demeurer comme elle était, pourraient être trompez ». (Guy Coquille : *Quest. et rep. sur les Cout.*)

Le législateur soumet alors à une formalité particulière celles des donations que l'acte de donation lui-même, par les formes dont il est revêtu (pays de

nantissement) ou par les circonstances dont il est en-
touré (donations faites par contrat de mariage par un
ascendant à son descendant direct), ne rendait pas
suffisamment publiques.

Dans une troisième période inaugurée par la loi de
brumaire, l'intérêt des tiers seul guide le législateur
qui ne soumet à transcription que les donations de
biens susceptibles d'hypothèque, omettant ainsi à tort,
comme nous le verrons, les donations de servitudes,
de droits d'usage ou d'habitation, et n'accorde le
droit de se prévaloir du défaut de publicité qu'à ceux
qui ont contracté avec le donateur. La loi de brumaire laissait, il est vrai, subsister le système antérieur de l'insinuation, mais, comme nous l'avons vu,
cette dernière disparaît avec le Code civil.

Le Code civil adopte, en ce qui concerne les donations, le système de la loi de brumaire, en accordant
toutefois le droit de se prévaloir du défaut de transcription à toute personne intéressée, à l'exception du
donateur, des personnes chargées de faire transcrire
et de leurs ayants-cause (art. 941).

Mais en ce qui concerne les mutations de propriété
à titre onéreux, « par une application exagérée du
principe philosophique, d'après lequel le transfert de
la propriété s'opère par le seul effet des conventions,
aussi bien entre les parties qu'à l'égard des tiers »

(Rapport de la commission sénatoriale pour l'étude du projet du Code italien), il abandonne l'exemple que lui avait donné son prédécesseur de l'an VII, aboutissant ainsi à un système tronqué et bâtard.

L'évolution se termine par la loi du 23 mars 1855 qui comble la lacune laissée par le Code civil.

Cette loi soumet à transcription tout acte translatif de droits réels, même non susceptibles d'hypothèque, et ce, sans distinguer, à notre avis, si l'acte est à titre gratuit ou à titre onéreux.

Mais, revenant à la loi de brumaire, elle n'accorde le droit de se prévaloir du défaut de transcription qu'à ceux qui ont acquis des droits sur l'immeuble et qui se sont conformés aux lois pour les conserver.

Voët : ad *Pandecta*, l. XXXIX. — D'Argentré : *Sur la coutume de Bretagne.* — De Savigny : *Traité du droit romain au Moyen-Age.* — Merlin : *Répertoire*, v° *Donations et don manuel.* — Pothier : *Des donations entre-vifs.* — Dyèvre : De *l'insinuation et de la transcription des donations.* — Troplong : *Donations entre-vifs.* — Demolombe, t. III. — Blondel : *Etude sur la publicité des donations.* — Cohendy : *Des modes de publicité des donations entre-vifs.* — Larnaude : *Etude sur la publicité des donations.* — Coupelon : *De la transcription des donations.* — Saintespès Lescot, t. III. — Courtois : *De la transcription des dona-*

tions. — Dalloz : *Répertoire et supplément. Dispositions entre-vifs.* — Pandectes françaises : *Donations,* t. I.

Le parti que l'on prend dans les controverses que nous aurons à examiner dépendant de la solution que l'on donne à la question de savoir d'où vient la transcription exigée par 939 C. c., et quelle en est la nature, il est logique d'élucider ce point tout d'abord.

PREMIÈRE PARTIE

Nature et Origine de la Transcription du Code Civil.

Ainsi que nous l'avons déjà signalé, deux formalités existaient concurremment au moment de la rédaction du Code civil, destinées toutes deux à rendre publiques les donations : l'insinuation de l'ordonnance de 1731 et la transcription de la loi de brumaire.

Comme nous l'avons également vu, il ne subsiste dans le Code civil qu'une seule formalité ayant le même but : la transcription dont parlent les articles 939 à 941.

Mais d'où vient cette formalité ? Le législateur du Code civil a-t-il entendu supprimer complètement l'une des deux formalités en face desquelles il se trouvait et, dans ce cas, quelle est celle qu'il a sacrifiée ? A-t-il au contraire créé une nouvelle formalité en s'inspirant plus ou moins de l'une ou de l'autre de celles qui se proposaient à lui ?

D'après un premier système, les rédacteurs du Code civil n'ont fait qu'appliquer aux donations de biens susceptibles d'hypothèque la loi de brumaire avec toutes les chances de modification ou d'abrogation qui pourraient l'atteindre dans la suite et dont elle était déjà menacée. « Il est bien entendu, disait Bigot Préameneu, que rien n'est préjugé sur le système hypothécaire qui n'est point l'objet de la discussion et que l'article discuté (939) ne préjuge rien sur la loi de brumaire » (Locré, t. II, p. 393).

La transcription exigée pour les donations serait la même, d'après ce système, que celle exigée pour les actes à titre onéreux. Or, pour ces derniers actes, la transcription n'a été maintenue que comme préliminaire de la procédure de purge. Donc, pour les donations, comme pour les actes à titre onéreux, la propriété est transmise indépendamment de toute transcription, même à l'égard des tiers (Hatteau. Notes sur le *Traité des Donations entre-vifs* de Pothier, p. 175 et 195. Toullier, t. V, n°s 230 et suivants, t. VII, n° 504. — Vazeilles, *sur l'article* 941, n° 1. — Devilleneuve et Carette, *Dissertation* § 3-1, 234).

Ce système est incompatible avec les textes du Code civil. Avec lui, 941 est inutile, 2183 et suivants auraient suffi.

Il est, de plus, absolument contraire aux intentions des rédacteurs telles qu'elles ressortent des discussions en Conseil d'Etat.

Lorsque les rédacteurs du Code civil eurent en effet à régler la matière, ils furent unanimes à reconnaître la nécessité d'un mode quelconque de publicité des donations entre-vifs. La discussion ne porta que sur le point de savoir si l'on conserverait concurremment les deux formalités existantes, ainsi que le voulait la commission du Gouvernement dans son projet de l'an VIII, n° 55 (Fenet, t. II, p. 285), ou si, au contraire, ainsi que le voulait la section de législation du Conseil d'Etat, une des deux formalités disparaîtrait.

L'avis du Conseil d'Etat prévalut, et les articles 939 à 941 C. c. furent votés.

Mais quelle est celle des deux formalités existantes, de l'insinuation ou de la transcription, qui disparut.

D'après certains, la transcription de 939 ne serait que la reproduction de l'insinuation telle qu'elle était établie par l'ordonnance de 1731 ; elle aurait la même nature et produirait les mêmes effets.

Les rédacteurs du Code civil n'auraient fait que changer le nom de la formalité, le lieu où elle doit se faire et les donations auxquelles elle s'applique.

Ils se fondent en premier lieu sur la ressemblance de rédaction qui existe entre les articles 940-41-42 du Code civil et les articles 27-30-31 de l'ordonnance de 1731.

Ils invoquent en outre les paroles de Bigot-Préameneu dans l'exposé des motifs (Locré, t. II, p. 394) lorsqu'il faisait remarquer l'utilité de la transcription pour les héritiers du donateur ; paroles qui, d'après les partisans de cette opinion, ne peuvent s'appliquer qu'à l'insinuation, le défaut de transcription en effet ne pouvant être opposé que par les héritiers du donateur, (Malleville, sur l'art. 939. — Demante, t. IV, n° 82 *bis*. — Mourlon *de la Transc*, t. II, n°s 484 et suivants).

D'après l'opinion généralement admise, au contraire, la transcription du Code civil provient de la transcription de la loi de brumaire.

Outre la similitude de nom, « on observe que le Code civil emprunte à la loi de brumaire le principe fondamental qui ne soumet à la transcription que les actes translatifs de biens susceptibles d'hypothèque, ce qui implique l'abandon formel du système de l'insinuation qui s'appliquait à toutes les donations quel qu'en fût l'objet mobilier ou immobilier. » (*Pand. franc. Don.*, t. I, n° 4840.)

Les travaux préparatoires sont également dans ce sens.

Le conseil d'État, dans sa séance du 12 ventose, au XI, adopta, après discussion, l'avis de la majorité de la commission chargée d'examiner le projet de loi : Or, cette majorité voulait la suppression de l'insinuation qui n'avait d'utilité spéciale qué pour les donations de meubles : donations assez rares et pour lesquelles les formalités pouvaient être tournées (Locré, t. V, p. 251).

L'exposé des motifs fait par M. Bigot Preaméneu, dans la séance du corps législatif du 2 floréal, an XI, confirme pleinement cette manière de voir. Cet auteur, qui avait défendu l'insinuation au sein du conseil d'État, déclare que cette formalité est désormais inutile, la loi de brumaire s'appliquant à toute la France. « L'objet des lois sur l'insinuation sera entièrement rempli, en ordonnant que, lorsqu'il y aura donation de biens susceptibles d'hypothèque, la transcription des actes concernant la donation devra être faite au bureau des hypothèques dans l'arrondissement duquel les biens sont situés (Locré, t. II, p. 393).

Enfin, dans le rapport qu'il fit au Tribunat le 9 floréal, an XI, Jaubert ne prononça même pas le nom de l'insinuation.

En ce sens : Merlin, rep. *Donations*, sect. VI, § 3, et *transc.*, § 3 n° 5. — Delvincourt, t. II, p. 74, note 8, — Duranton, t. VIII, n° 502. — Garnier, t. II, n° 16. — Marcadé *sur l'art.* 939, n° 3. — Saintespès-Lescot, t. III, n°s 717 et 718, — Troplong *Don.*, t. II, n° 1154. — Aubry et Rau, t. VII, n° 704, p. 382 et note 2., — Demolombe, t. III, n° 12. — Laurent, t. XII, n° 369. — Cohendy, *op. cit*, p. 72 et suivantes — Larnaude, *op. cit.* p. 148 et suivantes.

Mais, à notre avis, il ne faut pas aller jusqu'à prétendre, ainsi que le font certains partisans de cette opinion (Larnaude, Marcadé), que les rédacteurs du code civil n'ont fait qu'appliquer purement et simplement les principes de la loi de brumaire. La transcription vient bien, d'après nous, de la loi de brumaire, mais les rédacteurs du Code civil ont appliqué aux donations un mode *sui generis* de publicité qu'ils ont organisé par des textes spéciaux, montrant qu'ils voulaient le rendre indépendant du parti qu'ils prendraient par la suite, sur le maintien ou l'abrogation de la loi de brumaire. Ils ont même étendu la portée de cette formalité, qui, d'après cette dernière loi, n'avait d'autre effet que d'empêcher les tiers acquéreurs de transcrire, et les créanciers privilégiés ou hypothécaires de prendre inscription sur l'immeuble aliéné.

D'après le code civil, la propriété n'est transmise à l'égard des tiers que par la transcription. Jusque-là le donateur peut valablement disposer du bien donné, soit directement en l'aliénant, soit indirectement en s'obligeant. Aussi 941, Code civil, permet-il à toute personne intéressée d'opposer le défaut de transcription.

C'est donc par le Code civil qu'il faut éclairer les articles 939 à 941. Ce n'est que lorsqu'il sera muet, qu'il faudra interpréter ces articles d'après la loi de brumaire.

DEUXIEME PARTIE

Les donations de servitudes de droits d'usage et d'habitation doivent-elles être transcrites ?

Si nous comparons l'article 939 C. C. et les articles 1 et 2 de la loi du 23 Mars 1855, sans nous préoccuper pour l'instant de la portée que peut avoir en cette matière l'article 11 *in fine* de cette dernière loi, nous remarquerons que la loi de 55 ne pourrait soumettre à transcription, comme actes à titre gratuit, que les donations de servitudes, de droits d'usage et d'habitation, les jugements prononçant la nullité ou la révocation d'une donation transcrite et tout acte entre-vifs et jugement constatant la remise ou la cession à titre gratuit de loyers ou fermages non échus, à moins que la remise n'en soit consentie que pour moins de trois années. Tous les autres contrats de bienfaisance auxquels la loi de 55 pourrait s'appliquer, si tant est qu'on devrait l'étendre aux actes à titre gratuit, sont déjà soumis à transcription d'après l'art. 939 du Code civil qui dit : « Lorsqu'il y aura donation de biens susceptibles d'hypothèque, la transcription des actes concernant la donation et l'acceptation qui aurait eu lieu par acte séparé devra être faite au bureau des hypothèques dans l'arrondissement duquel les biens sont situés ».

Avant de rechercher si les donations de servitudes de droits d'usage ou d'habitation, les jugements prononçant, etc... tout acte entre-vifs, etc... sont soumis au régime de la loi de 55, nous devons faire justice d'une doctrine qui soumet à transcription d'après le Code civil les donations de servitudes de droits d'usage et d'habitation, en faisant rentrer ces droits dans la catégorie des biens susceptibles d'hypothèque.

CHAPITRE PREMIER

D'ARTICLE 939 DU CODE CIVIL SOUMET-IL A TRANSCRIPTION
LES DONATIONS DE SERVITUDES, DE DROITS D'USAGE ET
D'HABITATION ?

L'article 939 du Code civil ne soumet à transcription
que les donations de biens susceptibles d'hypothèque.
Or, l'article 2118 donne une énumération limitative de
ces biens parmi lesquels ne figurent ni les servitudes,
ni les droits d'usage ou d'habitation. A quoi servirait-il
en effet de permettre que de tels droits puissent être
hypothéqués, puisqu'ils ne peuvent être saisis indépendamment de l'immeuble sur lequel ils portent ?

Certains auteurs soutiennent pourtant que l'article
939 du Code civil soumet à transcription les donations
de servitude, etc...

Voici leurs arguments :

Quel est le but qu'a poursuivi le législateur en soumettant à transcription les donations de biens susceptibles d'hypothèque ? C'est de faire savoir aux tiers que

le donateur a perdu en tout ou en partie le droit d'aliéner et par suite celui d'hypothéquer l'immeuble, objet
de la donation. Or, quand une personne donne un
droit de servitude, etc... elle se dépouille au profit du
donataire d'une partie de son droit de propriété ; elle
aliène en partie et perd donc pour l'avenir le droit de
l'hypothéquer pour le tout. Il est donc logique de
dire que la loi a dû soumettre à la même règle les
donations qui transfèrent la pleine propriété dé l'immeuble et celles qui transfèrent simplement un démembrement de ce même droit.

La transcription, ajoutent-ils, n'a pas été édictée
pour faire savoir aux tiers que l'acquéreur d'un droit
de servitude ne pourra disposer désormais, mais pour
porter à leur connaissance que ce droit n'appartient
plus au donateur : ce n'est donc pas dans le domaine
du donataire, mais dans celui du donateur que l'on
doit considérer si la chose est ou non susceptible d'hypothèque.

D'ailleurs, supposons une donation d'usufruit soumise à transcription aux termes de 939 du Code civil ;
quel préjudice la clandestinité du titre peut-elle pro-
curer aux créanciers du donataire ? Aucun. Si le
créancier en effet a une hypothèque générale, celle-ci
grèvera l'usufruit, la donation ne fût-elle pas transcrite. Le donataire cherche-t-il un prêteur ? Si ses biens
libres ne suffisent pas pour garantir le remboursse-
ment du prêt, il sera bien obligé de prévenir son

prêteur qu'il est titulaire d'un droit d'usufruit sur tel bien, en vertu de tel titre, usufruit qu'il peut affecter à l'acquit de sa dette. Tandis que cette clandestinité peut nuire aux créanciers du donateur.

Supposons en effet qu'un homme emprunte après avoir constitué, à titre gratuit, un usufruit sur son seul bien. En l'absence de transcription, le créancier peut croire que l'usufruitier n'est qu'un fermier, et en fait, il se trouve n'avoir pour gage qu'un bien dont la valeur est peut-être inférieure au montant de sa créance.

Ce raisonnement peut être fait pour le cas, où, au lieu de supposer une donation d'usufruit, on suppose une donation de servitude, de droits d'usage ou d'habitation.

Il suffit donc que le bien donné ait été susceptible d'hypothèque quand il faisait partie du patrimoine du donateur. Or, celui qui donne un droit de servitude, le donne tel qu'il est entre ses mains, c'est-à-dire susceptible d'hypothèque, comme étant une fraction de son droit de propriété. Ce n'est que lorsque la servitude a passé entre les mains du donataire qu'avec une dénomination particulière ce droit prend des caractères nouveaux.

Les partisans de ce système invoquent en outre la différence de rédaction existant entre 939, Code civil, et l'article 26 de la loi de brumaire, an VII. Ce dernier article soumettait à transcription « les actes translatifs de droits susceptibles d'hypothèque » montrant par là qu'il fallait que le bien soit tel dans le patrimoine du donataire, tandis que l'art. 939 Code civil ne soumet à cette formalité que les donations de « tout bien susceptible d'hypothèque ».

Un arrêt de la Cour de Caen du 19 mai 1853 — (S. 2, 772), résume en ces termes les arguments du système :

« Considérant que la nécessité de la transcription imposée au donateur dans le cas prévu par l'art. 939 Code civil, prouve toute la sollicitude du législateur pour la conservation des droits des tiers... il est difficile de comprendre comment il permettrait de démembrer secrètement l'immeuble par la donation de droits réels qui en altérerait la valeur.

« Considérant en effet que le droit d'habitation est un véritable démembrement de la propriété dont la valeur diminue celle du fonds en est grevé; que l'établissement d'un pareil droit sur le fonds hypothéqué enlève évidemment une partie du gage des créanciers inscrits, et qu'il est juste que la valeur de ce droit leur appartienne; que, s'il en est ainsi, la transcription devient nécessaire...

« Considérant qu'à la vérité le droit d'habitation ne peut être isolement hypothéqué, mais que ce n'est pas un motif pour, comme on vient de le dire, que la valeur de ce droit n'appartienne pas aux créanciers hypothécaires inscrits sur l'immeuble entièrement hypothéqué à l'acquit de leurs créances, et dont le démembrement ou la division ne peut avoir pour effet de réduire les hypothèques dont il est grevé.

« Considérant que si les droits d'habitation ne sont pas, seuls et isolés, susceptibles d'hypothèques d'après l'article 2118 du Code Napoléon, il faut reconnaître au moins qu'ils en sont susceptibles d'après l'article 524 avec le fonds sur lequel ils sont établis...

« Considérant que le législateur, dans l'article 2118 du Code Napoléon, en déterminant ce qui est susceptible d'hypothèque, et en rejetant comme ne l'étant pas tous les droits que le créancier ne pouvait pas convertir en argent, n'a envisagé les biens immeubles que dans leurs rapports et leur corrélation entre le débiteur et le créancier ; que ce n'est ni relativement au donataire d'un droit d'habitation, ni relativement à ceux qui pourraient traiter avec lui que la transcription a été prescrite par l'article 939, mais qu'elle l'a été relativement au donateur et aux tiers qui contracteront avec lui dans l'ignorance de la donation, etc...

Voir en outre Riom, 23 mai 1842, S. 42, 2, 340. — Bugnet, sur Pothier, *Donations entre-vifs*, n° 112, note 2. — Grenier, t. II, n° 162. — Coin — *Delisle, sur l'art.* 939, n° 11. — Demante, t. IV, n° 80 *bis.* — Mourlon, *Transc.*, t. I, n°ˢ 112 et 113. — Larnaude, *op. cit.*, p. 157 et suiv.

Malgré la valeur de ces arguments, nous ne pouvous nous rallier à cette doctrine qui viole manifestement le texte du Code. L'article 2118 donne en effet une énumération limitative des biens susceptibles d'hypothèque, parmi lesquels ne figurent pas les droits de servitudes d'usage et d'habitation.

C'est une pure subtilité de décomposer l'opération et de se placer pour apprécier la nature du bien donné uniquement vis-à-vis du donateur, à une époque où la donation n'est pas encore formée ; pour qualifier le bien donné, il faut attendre qu'il ait une existence distincte.

La tradition historique corrobore notre manière de voir : la transcription, comme nous l'avons vu, provient en effet de la loi de brumaire, et c'est arbitrairement que l'on conclut d'une différence de rédaction très minime à une différence si grande de portée.

Bordeaux, 10 juillet 1866. D. P. 57, 2, 56. — Duranton, t. VIII, n° 504. — Marcadé, *sur l'article* 939, n° 4. — Aubry et Rau, t. VII, § 704, p. 384, Texte et note g. — Troplong, t. II, n° 1163. — Demolombe, t. III, n° 249. — Cohendy, *op. cit.*, p. 92. — Blondel, *op. cit.*, p. 193. — Coupelon, *op. cit.*, p. 132.

CHAPITRE II

LA LOI DU 23 MARS 1855 SOUMET-ELLE A TRANSCRIPTION
LES DONATIONS DE SERVITUDES, DE DROITS D'USAGE ET
D'HABITATION ?

Les inconvénients du système auquel nous venons
de nous rattacher, montrent bien que les rédacteurs
du Code civil ont manqué de logique en ne soumettant pas à transcription les donations par lesquelles
le donateur se dépouille d'une partie de son droit de
propriété. Il était aussi nécessaire d'exiger la transcription des donations de servitudes que celles d'usufruit.

Aussi l'intérêt que présente la controverse que
nous allons étudier est-il considérable : La lacune
laissée par le Code civil a-t-elle été comblée par la loi
de 1855, ou bien, au contraire, les donations sont-
elles encore essentiellement régies par le Code civil ?

A ne regarder que l'article 2, 1°, de la loi de 1855,
« sont également transcrits : 1° tout acte constitutif

d'antichrèse, de servitude, d'usage et d'habitation.
2°, etc... », il semble qu'aucune controverse ne puisse
s'élever. Les doutes proviennent de ce que l'article 11
in fine, de cette loi, déclare : « Il n'est point dérogé aux
dispositions du Code Napoléon relatives à la transcription des actes portant donation ou contenant des
dispositions à charge de rendre. Elles continueront à
recevoir leur application. »

Les partisans du système qui prétend que la publicité des donations est actuellement encore exclusivement régie par le Code civil, tirent leur principal argument de l'article 11 précité. Pour eux, il est impossible de dire que l'on ne déroge pas au Code civil en
soumettant à transcription des donations qu'il dis-
pensait de cette formalité, en remplaçant le système
restreint de publicité qu'il organisait par un système
plus large, emprunté à la loi de 1855.

Mais nous ne pouvons voir là de dérogation au
Code civil : d'après nous, la publicité des actes translatifs ou constitutifs de droits réels est actuellement
régie et par le Code civil et par la loi de 55 pour ce
que ne prévoyait pas le Code civil.

Celui-ci d'ailleurs, en ne soumettant pas à transcription certains actes, et entre autres les donations de
servitudes, de droits d'usage et d'habitation, les a
laissés sous l'empire du droit commun : or, le droit
commun a changé depuis la loi de 1855. « Il est na-
turel et juridique que ces donations soient gouver-

nées aujourd'hui par la loi de 1855 qui exige la transcription, comme elles l'étaient autrefois par le Code civil qui ne l'exigeait pas. Autrement, ces donations seraient sans règles et sans lois : elles n'appartiendraient ni au code civil qui ne s'en occupe pas, ni au nouveau droit commun qui a succédé à celui qui les dominait » (*Pand. Franc. loc. cit.* n° 5137).

En vain nous objectera-t-on que nous confondons le droit commun régissant les donations et dont s'occupe seul le code civil, et celui des actes à titre onéreux gouverné aujourd'hui par la loi de 1855. Cette loi n'est d'après nous que le complément du Code civil sur la publicité des constitutions ou des transmissions de droits réels. Dès après la promulgation du code, on s'est aperçu des inconvénients que présentait son système bâtard et tronqué ; et si la loi de 1855 a été faite, ce n'est que dans le but de rendre uniforme, au moins dans le principe, le système régissant les atteintes totales ou partielles portées au droit de propriété ; on a voulu que toutes soient rendues publiques : la clandestinité présentant des inconvénients trop considérables.

Aussi l'article 2, 1°, ne distingue-t-il plus si la servitude a été constituée à titre onéreux ou à titre gratuit : or, « ubi lex non distinguit, nec nos distinguere debemus ».

Voir dans l'article 11, *in fine*, une limitation à l'article 2, c'est enlever toute symétrie à la loi, en mettant le texte en contradiction avec l'esprit, c'est rendre la loi boîteuse et injustifiable.

Quand l'article 11 vient dire qu'il n'est point dérogé aux dispositions du Code civil, il ne fait pas obstacle à ce que l'on ajoute quelque chose aux dispositions du Code : il veut dire seulement que la formalité de la transcription établie par le Code civil pour les donations doit continuer à être accomplie sous l'empire de la loi nouvelle dans les cas même où elle ne serait pas exigée par les dispositions de la nouvelle loi. Il résulte également de cet article que les personnes admises par le Code civil à se prévaloir du défaut de transcription sont encore reçues à l'invoquer. quoiqu'elles ne se trouvent pas dans la classe des personnes que la loi nouvelle indique comme pouvant se prévaloir de l'inaccomplissement de cette formalité. « Cet article doit être entendu comme toutes les dispositions nouvelles qui se réfèrent à une loi précédente : en tant qu'elles ne seraient pas contraires à la loi nouvelle. »

Aucune raison d'ailleurs ne prêche en faveur de l'opinion contraire à la nôtre, car elle aboutit à des conséquences iniques. « J'ai acheté un immeuble qui m'a été vendu libre et que j'ai pu croire tel d'après l'état négatif de transcription que j'ai eu la précaution de lever avant d'acheter. Les servitudes dont il a été grevé en secret, et qui, jusqu'à ce jour, sont restées occultes, me seront néanmoins opposables à supposer que celui qui les revendique soit un donataire. S'il les avait acquises à titre onéreux et qu'il n'eût pas fait transcrire, il me serait donné de le repousser quoiqu'il revendiquât afin d'éviter de perdre le prix qu'il a déboursé pour les acquérir... Donc, de deux acquéreurs de servitudes, l'un à titre onéreux, l'autre à titre gratuit, qui n'ont fait transcrire ni l'un ni l'autre, l'un m'actionnant *de damno vitando*, l'autre *de lucro captando*, c'est celui-ci qui triomphera en gardant le bénéfice d'une libéralité qui me ruine. » (Mourlon, *De la Transcription*, Tome I, nᵒˢ 112-113).

Notre système, il est vrai, manque de symétrie puisque les donations non transcrites seront ou non opposables à certaines personnes (les créanciers chirographaires du donateur entre autres), suivant la nature du bien donné ; mais cela vaut mieux, à notre avis, que d'aboutir à une iniquité.

Dans notre sens, Aubry et Rau, t. VII, § 704. — Demolombe, t. XXIX, nᵒ 338. — Grosse, *De la Transc.*, nᵒ 352. — Troplong, *De la Transc.*, nᵒˢ 112, 364, 370. — Flandin, *De la Transc.*, t. I, nᵒ 681. — Lesenne, *De la Transc.*, nᵒ 162. — Larnaude, *op. cit.*, p. 256 et suiv.

En sens contraire : Rivière et Heuguet. — *Commentaire* de la loi de 1855, nᵒ 431. — Mourlon, *Transc.*, nᵒˢ 112 et 113. — Cohendy, *op. cit.*, p. 165 et suiv. *Pand. Franc.* Don., t. I, nᵒ 5138.

Le législateur belge, moins timoré, a tranché dans

le vif, et la question qui nous occupe est définitivement résolue dans un sens absolument satisfaisant. Avant la loi hypothécaire de 1851, la transmission de la propriété immobilière à titre gratuit ou à titre onéreux présentait les mêmes lacunes que chez nous et prêtait aux mêmes controverses. Nous empruntant l'idée d'une réforme de la matière qui avait pris jour en France dès 1841, mais qui n'avait pu être mise à exécution en raison des difficultés politiques qui surgirent, il nous devança dans cette voie, et la loi hypothécaire belge, dont l'idée première venait de France, naquit avant la nôtre.

En outre de la priorité, la loi du 16 décembre 1851 a sur la nôtre l'avantage de ne plus laisser place à l'amphibologie. Faisant table rase du système édicté par le Code, cette loi a réglé la matière tant en ce qui concerne les actes à titre gratuit qu'en ce qui concerne les actes à titre onéreux.

Actuellement, le régime de ces deux sortes d'actes est identique : L'article 1er prescrit, en effet, la transcription de « tout acte entre vifs à titre gratuit ou à titre onéreux, translatifs de droits réels immobiliers. » Cet article n'a pas reproduit la restriction que l'article 939 avait empruntée à la loi de brumaire qui ne soumettait à la publicité que les donations de biens susceptibles d'hypothèque. Cette différence est caractéristique, elle révèle un autre esprit, une tendance plus large.

Nous verrons également que le législateur belge, allant jusqu'au bout dans la voie de la réforme, accorde le droit de se prévaloir du défaut de transcription aux mêmes personnes, qu'il s'agisse d'actes à titre gratuit ou à titre onéreux.

(Laurent, *Principe de droit civil*, t. XXIX, 44 à 54).

L'article 1932, 2°, du Code italien soumet également à transcription les donations de servitudes, de droits d'usage et d'habitation.

TROISIÈME PARTIE

Effets du défaut de transcription et de son accomplissement.

—

CHAPITRE PREMIER

DES EFFETS DU DÉFAUT DE TRANSCRIPTION

SECTION 1re. — D'après le code civil.

La transcription comme mesure de publicité ne constitue qu'une formalité purement extrinsèque : entre les parties, mais entre elles seulement, la donation dûment acceptée est parfaite par le seul effet du contrat sans aucune formalité.

Dans les premières années qui suivirent la promulgation du Code civil, on essaya bien de soutenir que la transcription de la donation était requise pour la validité même de la donation, mais cette opinion, manifestement erronée en présence des articles 938 et 939 du Code civil, fut repoussée par la Cour de cassation la première fois qu'elle se produisit devant elle

(12 déc. 1810, rendu sur les conclusions de Merlin, Rep. don. section VI, § 3).

Tandis qu'à l'égard de certaines personnes que nous allons déterminer, il faut appliquer le principe : *idem est non esse, aut non apparere.* Tant que la donation n'a pas été rendue publique, ces personnes peuvent prétendre que l'immeuble donné est resté dans le patrimoine du donateur.

Mais quelles sont ces personnes ? Telle est la question que nous allons étudier, d'après le Code civil en premier lieu, et ensuite, d'après la loi de 1855.

§ 1er — *Personnes pouvant opposer le défaut de transcription d'après l'article 941 du Code civil.*

D'après l'article 941 du Code civil : « le défaut de transcription peut être opposé par toute personne ayant intérêt. »

« On doit, disent MM. Aubry et Rau, ranger dans la classe des tiers intéressés tous ceux qui, n'étant pas tenus des engagements du donateur, ont intérêt, en raison de droits qu'ils tiennent de lui ou qui compètent contre lui, à soutenir, ou que la propriété du bien donné n'a pas cessé de résider sur sa tête, ou qu'elle n'a été transmise au donataire que du jour de la transcription ».

Mais doit-on, sans restriction, admettre tous les tiers intéressés dans le sens indiqué ci-dessus, à se prévaloir du défaut de transcription ? Doit-on accorder ce droit à toute personne intéressée, sans distinguer si elle est un ayant-cause à titre onéreux ou à titre gratuit, à titre universel ou à titre particulier ?

C'est ici que nous allons retrouver l'influence des divers systèmes qui ont été proposés sur la nature et l'origine de la transcription exigée par le Code civil.

Ceux qui ne voient dans cette formalité que la reproduction de l'insinuation de l'ancien droit, ne refuseront le droit de se prévaloir du défaut de publicité d'une donation qu'au donateur et aux personnes chargées de faire transcrire.

Ceux pour qui le législateur du Code civil a purement et simplement appliqué les principes de la loi de brumaire n'accorderont ce droit qu'à ceux qui, ayant contracté avec le donateur, ont conservé leur droit en se conformant aux lois.

Ceux qui, comme nous, tout en voyant dans la transcription de la loi de brumaire, l'origine de la transcription du Code, estiment que la formalité, actuellement prescrite par l'article 939, est une formalité *sui generis* ayant des règles et une sphère d'application propres sont amenés à résoudre les différences qui se présentent en conciliant les textes de la loi de brumaire avec ceux du Code civil.

Or, pour cela, il y a lieu de distinguer entre les ayants-cause à titre gratuit et les ayants-cause à titre onéreux du donateur.

A. *Ayants-cause à titre onéreux du donateur.*

a. Il ne fait pas de doute que *les acquéreurs à titre onéreux d'un droit réel quelconque* sur l'immeuble donné peuvent se prévaloir du défaut de transcription de donation. Mais, tandis qu'avant la loi de 1855, il suffisait que leur titre ait date certaine avant la transcription de la donation, il faut depuis cette loi qu'ils aient fait transcrire leur titre.

Cass., 10 avril 1815, D. A., 5, 567. — Montpellier, 28 février 1821. *Pand. chr.* — Grenoble, 14 juillet 1824. D. P., 25, 2, 59. — Poitiers, 4 mai 1825. D. P., 25, 2, 252. — Grenoble, 22 juillet 1831, rec. arr. — Grenoble, t. VI, p. 145. — Bordeaux, 19 février 1842, Journ. arrêts Bordeaux, t. XVII, p. 116. — Besançon, 6 juin 1854, D. P., 55, 2, 346.

Ainsi, le défaut de transcription peut être invoqué par l'acquéreur de l'immeuble précédemment donné, alors même que la donation aurait été faite, dans leur contrat de mariage, par un des époux à l'autre (Caen, 9 nov. 1847, D. P. 48 12-112.)

De même celui qui a acquis du donateur les biens donnés peut se prévaloir du défaut de transcription vis-à-vis de la femme du donataire qui réclame sur ces biens l'exercice de son hypothèque légale.

(Montpellier, 9 mai 1843, D. P. 45, 4-50).

b) La même faculté doit être accordée *aux créan-*

ciers hypothécaires du donateur qui se sont inscrits avant la transcription de la donation, lors même que leur créance serait née postérieurement à la donation. Tous leur accordent ce droit, sauf les partisans du système exposé plus haut d'après lequel la transcription ne serait que le préliminaire de la procédure de purge. (Amiens, 11 juin 1814). D. A. 5-563. — Bordeaux, 2 juin 1827. P. P. 27, 2-191. — Pau, 16 janvier 1832. — P. P. 32, 2-93. — Riom, 7 Décembre 1848. D. P. 49, 2-55. — Rouen, 24 Novembre 1852. D. P. 54, 2-75.)

Ainsi la demande de distraction, faite par un donataire de biens compris dans une donation d'immeubles non transcrite contre la régie de l'enregistrement poursuivant le donateur condamné aux frais d'une poursuite criminelle, a été repoussée par un arrêt de la Cour de Montpellier du 28 février 1821 (*Pand. Chron).*

Il a été également jugé que l'hypothèque légale de la femme du donataire ne remontant vis-à-vis des créanciers du donateur qu'au jour de la transcription de la donation, un créancier du donateur a pu, en s'inscrivant après la donation, mais avant la transcription, acquérir une hypothèque préférable à celle de la femme du donataire (Grenoble, 9 décembre 1850. D. P. 52, 2-264.)

c). La question est plus délicate en ce qui concerne les *créanciers chirographaires.* Pour leur refuser le droit d'invoquer le défaut de transcription, les partisans du système, d'après lequel la transcription des donations ne serait que le préliminaire de la procédure de purge, disent « que, par personnes ayant intérêt », il faut entendre les tiers acquéreurs et les tiers créanciers, mais créanciers hypothécaires seulement : En effet, disent-ils, les articles 2181 à 2184 du Code civil, 834 et 835 du Code de Procédure se coordonnent avec les articles 939 et 941 du Code civil : les créances chirographaires n'atteignent pas plus le donataire que l'acquéreur, sans quoi l'article 2184 serait inexplicable : il n'y a pas de notifications possibles à faire aux créanciers chirographaires.

En réfutant ce système, nous avons également réfuté toutes les conséquences que ses partisans prétendent en tirer.

D'autres auteurs soutiennent le raisonnement suivant : L'article 938 dit que la propriété se transfère par le seul consentement : Les articles 939 et suivants posent une exception, mais les deux dispositions concernent le transport de la propriété immobilière : l'exception ne peut donc avoir en vue que ceux qui ont un droit réel sur l'immeuble et non ceux qui n'ont qu'un droit sur la personne du donateur. D'ailleurs, ajoutent-ils, la transcription de l'article 939 est celle de la loi de brumaire, et cette loi n'entendait protéger que le crédit hypothécaire. D'après l'article 26 de cette loi, le défaut de transcription ne pouvait être opposé que par ceux qui avaient un droit réel sur l'immeuble aliéné. Et il est logique de refuser le droit d'invoquer le défaut de transcription aux créanciers chirographaires, car ils ont suivi la foi de leur débiteur et accepté d'avance les conséquences de ses actes : ils sont les ayants-cause du donateur, et par conséquent la donation est parfaite à leur égard indépendamment de toute transcription : Leur accorder le droit d'invoquer le défaut de transcription c'est les mettre au même rang que les créanciers hypothécaires. Or, le Code civil les protège déjà par les articles 1166 et 1167 ; il ne faut pas leur accorder une autre protection sans texte.

(Grenier *hypoth.*, t. II, n° 360. — Coin-Delisle, sur l'art. 941, n° 9 et suivants. — Marcadé, sur l'art. 941, n° 1. — Flandrin, *op. cit.*, t. II, n° 956 et suivants. — Larnaude, *op. cit.*, p. 222 et suivants).

D'après nous, les créanciers chirographaires du donateur peuvent invoquer le défaut de transcription sous les restrictions dont nous parlerons tout à l'heure. « L'article 941, en effet, parle de personnes ayant intérêt ; se serait-il servi de ces expressions si générales et si absolues s'il avait voulu limiter sa bienveillance aux seuls créanciers hypothécaires qu'il lui était si facile de nommer pour éviter les ambiguités fâcheuses. Et, d'autre part, la donation est-elle moins onéreuse pour les uns que pour les autres. Le créancier chirographaire n'a-t-il pas aussi contracté en vue du gage qu'accusait à ses yeux l'aisance ou la richesse de son débiteur et lui garantissait la réalité d'un crédit déjà secrètement et sourdement ruiné et qui pourtant l'a séduit par ses dehors menteurs ». (Esnauld, *Des faillites*, t. 1, n° 194.)

Leur refuser ce droit, c'est violer le texte et méconnaître l'esprit de l'article 941. Le but de la loi est de protéger ceux qui, traitant ultérieurement avec le donateur pourraient être trompés par une solvabilité apparente. Le gage des créanciers hypothécaires n'emporte pas, il est vrai, droit de suite, mais on ne peut en conclure que ces créanciers sont les ayants-cause du débiteur alors, du moins, qu'ils font valoir un droit qui leur appartient en propre. Et de plus, ils sont d'autant plus intérsssés à connaître les donations faites par leur débiteur qu'ils traitent avec lui sur sa foi personnelle.

Enfin, comme nous l'avons vu, la transcription exigée par le code civil est une formalité *sui generis*, et non la simple reproduction de celle organisée par la loi de brumaire. Les rédacteurs peuvent avoir suivi cette loi sur certains points, et s'en être écartés sur d'autres. De nombreuses décisions judiciaires sont en ce sens, et accordent avec raison, d'après vous, le droit aux créanciers chirographaires du donateur, de se prévaloir de transcription, d'une donation, quand bien même leur créance serait née postérieurement à la donation. « Mais encore faut-il qu'ils n'invoquent plus seulement l'intérêt de leur débiteur, mais un intérêt propre, un droit qui découle pour eux de l'existence du gage général que leur accorde la loi. » (*Pand. fr.*, *loc. cit.*, n° 5004). Il faut qu'avant la transcription leur intérêt se soit manifesté par une mainmise sur l'immeuble donné, soit qu'ils aient pratiqué une saisie, soit qu'ils aient fait déclarer leur débiteur en faillite. (Nancy, 18 juin 1838, S. 39, 2, 18. — Caen, 19, fév. 1841, D. Rep., t. XVI. n° 1567, 1°. — Cass. , 7 avril 1841, D. P., 41, 1, 215. — Grenoble, 9 déc. 1850, D. P., 52, 2, 264. — Bordeaux, 26 fév. 1851, D. P., 52, 2, 52. — Cass., 23 nov. 1859, D. P. 59, 1, 481. — Limoges, 28 fév. 1879, D. P., 80, 2, 126. — Duranton, t. VIII, n° 517. — Grenier, t. II, n° 168 *bis*, note *a*. — Poujol, *sur l'article* 941, n° 2. — Taulier, t. IV, p. 76.. — Troplong, *don.*, t. II, n° 1163. et *Transc*, n° 365, *Revue crit.*, 1851, t. I, p. 406. — Demante, t. IV, n° 82, *bis* VIII. — Massé et Vergé, sur Zachariæ, t. III. p, 22. — Aubry et Rau, t. VII, § 704, p. 391, texte et note 31. — Demolombe, t. III, n° 301. — Blondel, *op. cit.* p. 225. — Mourlon, rep. écrites, t. II, n° 704. — Baudry Lacantinerie, t. II, n° 466, *Pand. Franc, Loc. cit*, n° 5004).

Examinons successivement les deux hypothèses que nous avons indiquées plus haut. Nous réfuterons ensuite une opinion d'après laquelle les créanciers chirographaires pourraient, en vertu de l'article 1167, attaquer une donation faite avant la naissance de leur droit, mais transcrite après.

α. — **Une saisie faite sur l'immeuble donné a été transcrite avant la donation.**

Le droit d'opposer le défaut de transcription doit, d'après nous, être accordé aux créanciers chirographaires qui ont pratiqué une saisie sur l'immeuble donné avant que la donation ait été transcrite.

A ceux qui prétendent que ce droit ne doit être accordé qu'autant que celui qui l'invoque est titulaire d'un droit réel, nous répondrons que l'article 941 n'exige pas cette condition. Et en admettant même que cela fût, la saisie immobilière ou brandon ne donne-t-elle pas sur le bien saisi un droit réel *sui generis* par suite duquel le bien se trouve placé dans la main de la Justice.

Il suffit, d'après nous, que la saisie ait été pratiquée avant la transcription de la donation ; il est inutile que la saisie ait été transcrite, car dès là que la saisie a été faite, l'intérêt des créanciers se manifeste. (En ce sens, Mourlon, *Trans*, t. II, Nᵒˢ 137 et suivants. — Aubry et Rau, t. VII, § 704, p. 382. Demante, t. IV, Nᵒ 82 *bis*, — Demolombe, t. 3, Nᵒ 301 et 301 *bis*, — Cohendy, *op. cit.*, p. 140. — Coupelon, *op cit.*, p. 180 et suivantes, Cass., 7, avril 1841, D. P. 41, 1, 215. — Contra : Larnaude, *op cit.*, p. 226.)

β. **Les créanciers chirographaires ont fait déclarer leur débiteur en faillite.**

Pour ceux qui ne voient dans les articles 939-941 du Code civil que la reproduction de la loi de Brumaire et qui exigent l'acquisition d'un droit réel pour pouvoir se prévaloir du défaut de transcription, la masse ne peut invoquer ce droit qu'autant que les syndics ont pris inscription avant la transcription de la donation (Larnaude, *op. cit.*, p. 226).

Mais, d'après nous, dès là que le failli a été dessaisi de l'administration de ses biens par le jugement déclaratif de faillite, l'intérêt des créanciers se manifeste. Ils deviennent des tiers intéressés. Le jugement déclaratif de faillite, de même qu'il empêche que les privilèges et hypothèques soient désormais inscrits s'oppose à ce que les donations soient transcrites.

En ce sens : Coin Delisle sur l'art. 941, N° 14. — Bayle Mouillard, sur Grenier, t. II, N° 168 *bis*, note *a*. — Aubry et Rau, t. VII, § 704, p. 392, texte et note 34. — Demolombe, t. III, N° 303. — Blondel, *op. cit.*, p. 226.

Mais la donation pourrait-elle être valablement rendue publique pendant la période suspecte ou, au contraire, la masse peut-elle réclamer l'application de l'article 446 du Code de commerce ?

Pour soutenir cette deuxième opinion on a dit que l'article 448 ne parle pas de transcription mais seulement d'inscription, que le failli n'ayant pas, pendant la période suspecte, le droit de consentir de droits réels au préjudice de la masse, il est impossible d'admettre qu'une transcription tardive crée des droits opposables aux autres créanciers. On invoque encore les dangers que peut présenter l'autre opinion, pour les créanciers de la masse qui ont intérêt, aux approches de la faillite, à connaître la situation exacte du patrimoine de leur débiteur (Esnault, *Des faillites*, t. I, Nº 194. — Bayle Mouillard, sur Grenier, t. II, Nº 168 *bis*, note *a*.

Quant à nous, nous écartons l'application de l'article 446 qui ne parle que des actes translatifs de propriété à titre gratuit, faits par le failli. Or, la transcription n'est pas en général l'œuvre du failli, et n'est pas, de plus, translative de propriété. Et en outre, l'inscription des privilèges et hypothèques étant permise, pourquoi la transcription ne le serait-elle pas?

Dans notre sens, nous pouvons invoquer l'appui de la Cour de cassation qui décide qu'un nantissement consenti avant la période suspecte peut être valablement signifié pendant cette période, conformément à l'article 2075 du Code civil. (Cass., 4 janvier 1847, D. P. 47, 1. 134. — Cass., 18 juin 1862. — D. P. 62, 1, 424. — Grenoble, 17 juin 1822, D. A. 5, 564. — Amiens, 3 août 1844, D. P. 44, 218, 4. — Cass., 26 nov. 1845. D. P. 46, 1, 53. — Cass., 24 mai 1848,

D. P. 48, 1, 172. — Rouen, 7 avril 1856. — Rec., Arr., Rouen, t. XX, 2, p. 245, § 57, 2, 41. Troplong, t. II, n°ˢ 1158 et suiv. — Demolombe, t. III, n° 304. — Aubry et Rau, t. VII, § 704, p. 392, texte et note 33. — Blondel, *op. cit.*, p. 227. — Coupelon, *op. cit.*, p. 152.

Il a été jugé en sens contraire que la transcription ne peut avoir lieu pendant la période suspecte. Mais cette décision est fondée sur la supposition erronée que le dessaisissement du failli commence au moment fixé pour l'ouverture de la faillite, contrairement à ce que dit l'article 443, alinéa 1 du Code de commerce (Montpellier, 27 avril 1840. D. P. 40, 2, 211).

Mais *quid*, dans le cas où la transcription aurait lieu plus de quinze jours après la donation et après la cessation des paiements ou dans les dix jours précédents ? L'article 448, al. 2, Code de commerce, doit, il être étendu à ce cas ?

Oui, à notre avis, en raison de l'analogie signalée plus haut entre la transcription et l'inscription des privilèges et hypothèques. On dit en sens contraire que les mêmes dangers n'existent pas et que les nullités ne doivent pas être étendues d'un cas à l'autre (Amiens, 18 août 1858 et sur pourvoi. Cass., 23 nov. 1859. — D. P. 59, 1, 481. — Aubry et Rau, t. VII, § 704, p. 392, note 33. — Demolombe, t. III, n° 304.

Contra : Larnaude, *op. cit.*, p. 222. — Demangeat sur Bravard. *Dr. comm.*, t. V, p. 295-97 et la note. — Bourges, 9 août 1847. D. P. 48, 1, 172.

γ. Créanciers chirographaires exerçant l'action Paulienne.

Certains auteurs accordent aux créanciers chirographaires le droit, d'attaquer une donation faite postérieurement à la naissance de leur droit mais transcrite après, et ce, en vertu de l'article 1167. Bordeaux, 26 fév. 1851. — D. P. 52, 2, 57. — Aubry et Rau, t. VII, § 701, n° 293.

D'après nous, l'article 1167 est inapplicable dans l'espèce. Leur droit étant né postérieurement à l'acte qu'ils attaquent, les créanciers chirographaires ne peuvent prétendre que la donation a été faite en fraude de leurs droits.

A l'objection que la donation n'est pas complète à leur égard, nous répondons qu'alors ce n'est pas l'action Paulienne qu'il faut intenter, mais une action ordinaire, tendant à faire reconnaître le droit des créanciers chirographaires contre une donation qui, à leur égard, n'est pas complète au point de vue de la forme; l'action Paulienne en effet ne peut être dirigée que contre des actes valables en la forme, mais ne réunissant pas toutes les conditions intrinsèques nécessaires pour les rendre opposables aux créanciers (Larnaude, *op. cit.* p. 230.

B. — *Ayants-cause à titre gratuit du donateur.*

Parmi les ayants-cause à titre gratuit du donateur, nous accordons le droit de se prévaloir du défaut de transcription d'une donation au donataire particulier et au légataire particulier.

Examinons successivement la situation de chacune de ces personnes.

A. — *Donataire particulier.*

Un donataire postérieur qui a fait transcrire avant un premier donataire peut-il opposer à ce dernier le défaut de transcription ?

Pour lui refuser ce droit, on invoque une série d'arguments que le Tribunal de Besançon, dans un arrêt du 6 juin 1854, a résumés ainsi. (D. P. 55, 2, 346.)

« Attendu qu'il ne peut y avoir de doute sur le sens et la portée de 939 du Code civil; que la formalité qu'il ordonne (et qui n'a rien de commun dans son objet et ses conséquences avec l'insinuation abolie d'ailleurs par le Code civil), empruntée à la loi du 11 brumaire, an VII, a été établie exclusivement, comme sous l'empire de la législation transitoire, dans l'intérêt des tiers acquéreurs et de ceux qui ont traité à titre onéreux avec le donateur, dans l'ignorance des donations qu'il aurait pu consentir; que la demanderesse ne peut exercer comme donataire d'autres droits que ceux qui appartiennent à son auteur ; que le donataire qui tient ses droits à la chose donnée du donateur seul n'est pas un tiers excipant d'un droit qui lui est propre, mais un ayant-cause qui ne peut, par rapport à cette chose, se prévaloir, ainsi que l'héritier, que des droits afférents à ceux qu'ils représentent ; que telle a été la pensée du Législateur manifestée au sein du Conseil d'Etat par la discussion sur le titre des donations et des testaments, enfin dans la loi elle-même dans l'article 1072, qu'il importe peu que ce dernier article se trouve compris au chapitre des donations entre-vifs et testamentaires grevées de restitution ; qu'en effet la transcription prescrite par l'article 1069, l'a été dans le même intérêt que celle édictée par 939, et que dès lors, ce qui a été dit sur 1072 doit s'appliquer aux effets du défaut de la transcription exigée par l'un et l'autre article, sans qu'il y ait lieu de distinguer ; qu'il est manifeste que, malgré la généralité des termes « par toute personne ayant intérêt » de 941, cet article qui n'est que la conséquence évidente et nécessaire de 939 ne comprend, et ne peut comprendre que les personnes dont ce dernier article a voulu sauvegarder les droits par la publicité de l'acte pouvant leur causer préjudice ».

A ces divers arguments, les partisans de cette opinion ajoutent les suivants.

Les rédacteurs du Code civil n'ont fait qu'appliquer aux donations la transcription telle qu'elle était établie par la loi du II Brumaire, an VII, loi qui n'avait en vue que les créanciers et les acquéreurs à titre onéreux. De plus, les donataires *certant de lucro captando*, à la différence des créanciers et des acquéreurs qui *certant de damno vitando*.

Ils invoquent en outre les termes du rapport de Jaubert au Tribunal : « Ne peuvent invoquer le défaut de transcription les personnes chargées de faire transcrire leurs ayants-cause et le donateur, ce qui comprend nécessairement les donataires postérieurs, les cessionnaires et les héritiers du donateur.» (Locré, t. II, p. 458, n° 44).

En ce sens : Cass. 12 déc. 1810. D. A. 5, 570. — Montpellier, 2 juin 1831, D. P. 31, 2, 253. — Toulouse, 2 mai 1847, D. P. 47, 2, 187. — Besançon, arrêt précité. — Bordeaux, 28 août 1863, *Journ.* arr. Bordeaux, t. LXIII, p. 503. — Merlin, Rep. v. *Don.* Section VI, § 3, et Transc., § 6, n° 3. — Grenier, t. II, n°s 168 et 168 *bis*. — Bayle Moulliard, *ibid.*, note *a*. — Troplong, *Don.*, t. II, n° 1177 et suivants et Transc., n°s 155 et 366. — Marcadé, sur l'art. 941, n° 4.

Nous répondons aux partisans de cette opinion que le deuxième donataire a évidemment intérêt à opposer le défaut de transcription de la première donation ; qu'en effet, si celle-ci est maintenue, il n'aura plus aucun droit sur la chose donnée.

Que si la transcription exigée par le Code civil pro-

vient de la loi de brumaire, elle n'en est pas moins
une formalité spéciale et que « l'article 941 a sa vertu
propre et son autorité » (Troplong, *loc. cit.*, nº 1183).

Que d'ailleurs on ne peut douter que la loi de brumaire elle-même n'entendît préférer un deuxième
donataire dont le titre serait transcrit à un premier
qui n'aurait pas transcrit (Merlin, question de Dr.,
Transc. § 6, nº 3).

On ne peut non plus d'après nous arguer d'analogie avec l'article 1072. Cet article en effet est la reproduction de l'article 34, titre II, de l'ordonnance
de 1747 — et, en même temps que cette ordonnance
refusait aux donataires postérieurs le droit d'invoquer
le défaut d'insinuation des substitutions, l'article 27
de l'ordonnance de 1731 leur permettait d'invoquer
le défaut d'insinuation des donations, différence
facile à justifier par l'intérêt si digne de protection
des appelés. Il est en outre absolument illogique de
refuser au donataire postérieur le droit d'invoquer le
défaut de transcription sous prétexte qu'il est l'ayant-
cause du donateur et d'accorder ce droit à l'acquéreur à titre onéreux qui, lui aussi, est l'ayant-cause du
donateur. L'un et l'autre sont des ayants-cause à titre
particulier ne succédant pas aux engagements : ils
sont tiers vis-à-vis du donataire antérieur.

Quant à l'argument que les partisans de l'opinion
adverse prétendent tirer de ce fait que l'acquéreur à
titre gratuit *certat de lucro captando*, tandis que

l'acquéreur à titre onéreux *certat de damno vitando*, nous le repoussons par la raison que cette différence peut ne pas exister : le donataire, en effet, peut éprouver un préjudice considérable si la donation à lui faite est annulée et d'ailleurs l'article 941 ne distingue pas.

Contre notre opinion certains auteurs ont encore dit que le droit d'invoquer le défaut de transcription, en admettant qu'on l'accorde au deuxième donataire, ne lui servirait de rien : qu'en effet, étant un acquéreur à titre gratuit, le premier donataire pourra à son tour faire tomber, en vertu de l'article 1167, la donation à lui faite, sans qu'il ait à prouver la fraude du deuxième donataire (Demante, t. IV, n° 82 *bis*, V et VI. Troplong, Transc. n° 156).

Mais s'il en était ainsi, la même solution devrait être admise dans le cas où, au lieu de supposer une donation postérieure, on supposerait une vente faite à un acquéreur, ayant eu connaissance de la donation précédemment faite. Or, nous verrons que la transcription ne peut être remplacée par la connaissance accidentelle de la donation acquise en dehors des formalités légales.

Et, il se peut, en outre, que la deuxième donation n'émane pas du même donateur, qu'elle ait été faite par son héritier, par exemple, auquel cas la fraude n'existant pas, l'action Paulienne n'est pas recevable.

Quant à l'argument tiré des paroles de Jaubert au Tribunat, il ne prouve rien : « Il est possible, en effet, qu'en s'exprimant ainsi il ait eu en vue les donations universelles. Et en tous cas les paroles qu'il a prononcées ne sont que l'expression d'une opinion individuelle à laquelle on doit d'autant moins s'arrêter qu'elle est contraire aux principes généraux sur les droits et les obligations des donataires à titre particulier. » (*Pandectes françaises, loc. cit.*, n° 5029.)

Dans notre sens, il a été jugé (Pau, 29 mars 1871 (D. P., 71, 2, 45), que le défaut de transcription peut être invoqué par un donataire postérieur alors même qu'il serait donataire de l'universalité des biens présents du donateur, car il n'est encore qu'un ayant-cause à titre particulier.

En ce sens : Bordeaux, 6 juillet 1848, t. XLIX, 2-672. — Nimes, 31 déc. 1850, D. P., 51, 2-80. — Grenoble, 17 janv. 1867, D. P., 68, 2-17. — Pau, arrêt précité. — Malleville, sur l'art. 941. — Poujol, id., note 3. — Duranton, t. VIII, n° 515. — Coin Delisle, sur l'art. 941, n°s 18 et 19. — Mourlon, rép. écrites, t. II, n° 703, et transc, t. II, n° 429. — Rivière et François., explic. de la loi du 23 mars 1885, 1er appendice, n° 24. — Baudry Lacautinerie, t. II, n° 466. — Bressoles, Transc., n° 52. — Flandin, *op. cit.*, t. II, n° 938 et suivants. — Aubry et Rau, t. VII, § 704, p. 390, texte et note 29. — Demolombe, t. XXIII, n° 298. — Larnaude, *op. cit.*, 214.

b. *Légataire particulier*

Le légataire particulier d'un immeuble peut-il opposer à un donataire antérieur le défaut de transcription de sa donation ?

La question ne se pose que pour ceux, qui comme nous, admettent que le donataire postérieur peut invoquer le défaut de transcription d'une donation antérieure. Mais peut-on accorder ce droit au donataire et le refuser au légataire ? Pour le soutenir on dit en premier lieu que la transcription du Code civil a été empruntée à la loi de brumaire qui n'accordait le droit d'invoquer le défaut de transcription qu'à ceux qui avaient contracté avec le donateur. Or, le légataire n'a pas contracté. On ajoute que le donateur étant tenu de la garantie envers les donataires, et que les légataires n'étant payés qu'après les créanciers, il est impossible d'accorder aux légataires le droit d'invoquer le défaut de transcription.

Les partisans de ce système disent, en outre, que la propriété étant transférée vis-à-vis du donateur et du donataire indépendamment de la transcription, elle l'est également vis-à-vis du légataire.

En ce sens : Duranton, t. VIII, n° 540, Coin Delisle, sur l'article 941, n° 20. — Bayle. — Mouillard, sur Grenier, t. II, 'n° 167, note de Demante, t. IV, n° 82 *bis*, III. — Demolombe, t. III, n° 310. — Larnaude, *op. cit.*, p. 231. — Dalloz, rep. *Dispos. entre vifs*, 1581. — Caen, 27 janv. 1813, D. A., 5, 569.

Mais d'après nous, il faut assimiler le légataire particulier au donataire particulier et l'admettre à se prévaloir du défaut de transcription d'une donation antérieure.

Il est en effet hors de doute qu'il est une des personnes ayant intérêt dont parle l'article 941. Son legs, en effet, peut contenir des charges, il peut avoir aliéné l'immeuble donné, ou l'avoir grevé de droits réels : Dans ce cas, et lui comme garant, et les tiers ayants-cause ou créanciers ont intérêt à se prévaloir du défaut de transcription.

L'article 941 est, en outre, conçu d'une façon beaucoup plus large que l'article 26 de la loi de brumaire. D'ailleurs, si l'on s'en tenait à cette loi qui ne parle que des tiers ayant contracté avec le donateur, il faudrait limiter ses dispositions à la vente dont elle parle seule : or, on n'a jamais douté que la loi de brumaire s'appliquât aussi bien aux actes à titre gratuit qu'aux actes à titre onéreux (Merlin, Rep. don., section VI, § 3).

Il est facile de faire tomber l'objection que les partisans du système adverse prétendent tirer de l'obligation de garantie dont serait tenu, d'après eux, le légataire envers le donataire, en faisant remarquer que cette obligation dont le donateur était tenu n'est point passée au légataire particulier qui n'est point tenu des dettes du défunt.

Et lorsque l'on prétend que la propriété est transférée, vis-à-vis du légataire particulier, indépendamment de la transcription, on oublie que jusqu'à la transcription le donateur peut conférer des droits sur la chose qu'il a donnée. Or, le droit qu'il confère au légataire particulier est aussi complet que celui qu'il confère à l'acheteur ou au donataire.

Le donataire n'a plus qu'une créance de dommages-intérêts pour laquelle il n'a aucun droit de préférence. Son seul droit est de faire réduire le legs, si les biens du défunt sont insuffisants pour payer les dettes parmi lesquelles figure sa créance.

En ce sens : Flandin, t. II, n° 947 et suiv. — Cohendy, *op. cit.*, p. 147. — Blondel, *op. cit.*, p. 233. — *Pand. fr., loc. cit.*, n°ˢ 5039 et 5040.

§ 2. — *Personnes ne pouvant pas opposer le défaut de transcription d'une donation d'après l'article* 941 *du Code civil.*

L'article 941 du Code civil, après avoir admis à se prévaloir du défaut de transcription d'une donation les tiers intéressés, refuse ce droit aux personnes chargées de faire faire la transcription, à leurs ayants-cause et au donateur.

Passons en revue chacune de ces personnes, et voyons si la déchéance prononcée par l'article 941 ne doit pas être étendue à certaines autres, en raison de leur qualité.

A. *Donateur*.

Les rédacteurs du Code civil ont fait preuve de la plus élémentaire logique, en refusant au donateur le droit de se prévaloir du défaut de transcription. Cette formalité, en effet, n'est destinée qu'à rendre la donation publique, et qui, mieux que le donateur, doit connaître la donation. Ce droit lui était refusé même sous l'empire de l'ordonnance de 1731, quoique pourtant l'insinuation qu'elle prescrivait fut une condition intrinsèque de la validité de la donation.

Mais, si le donateur ne peut lui-même se prévaloir du défaut de transcription, il lui est loisible de conférer à des tiers sur l'immeuble donné des droits qui seront opposables au donataire négligent. Mais, en agissant ainsi, il manque à la bonne foi qui doit présider à tous les contrats, il viole la parole donnée et le donataire, s'il est obligé de subir le droit consenti par le donateur, acquiert une créance de dommages-intérêts qu'il pourra faire valoir contre son donateur.

Cette créance est née en dehors de toute transcription par cela même que le donateur a disposé, en tout ou en partie, du bien qu'il avait donné. Le donataire pourra donc la faire valoir, en cas de faillite ou de déconfiture du donateur en concours avec les créanciers chirographaires du donateur, ou de ses héritiers ; et cela, sans que les créanciers soient plus fondés que le donateur ou ses héritiers à opposer le défaut de transcription, « parce qu'il est évident, ainsi que le fait observer M. Demolombe, que dénier au donataire le droit de concourir pour sa créance en dommages-intérêts contre le donateur, au marc le franc avec les autres créanciers chirographaires de celui-ci, se serait lui dénier sa créance elle-même, ce serait dégager le donateur envers lui et anéantir absolument la donation ». (Demolombe, t. III, n° 317).

La solution que nous admettons avec la majorité des auteurs et la jurisprudence n'est-elle pas en contradiction avec celle adoptée par nous précédemment, par laquelle nous accordons aux créanciers chirographaires du donateur le droit de se prévaloir du défaut de transcription ? N'est-ce pas leur retirer d'une main ce que nous leur donnons de l'autre ?

Evidemment non. Même dans l'hypothèse ci-dessus, les créanciers chirographaires auront intérêt à se prévaloir du défaut de transcription. Supposons, en effet, que le donateur après avoir fait donation d'un immeuble valant 100, tombe en faillite laissant 100 d'actif et 200 de passif. Si la masse respectait la donation non transcrite les créanciers toucheraient 50 0/0. Dans le cas contraire, ils toucheront le montant intégral de leurs créances.

Une autre conséquence de ce que nous avons dit plus haut, à savoir que cette créance de dommages intérêts est née au profit du donataire contre le donateur indépendamment de toute transcription, c'est que si le donateur a constitué une hypothèque pour la garantie d'une donation soumise à transcription, le donataire pourra la faire valoir indépendamment de toute transcription.

En ce sens : Dijon, 11 février 1887. D. P. 88-2-42. — Demolombe, *loc. cit.*, et n°ˢ 316 et 318. — *Pand. Fr. loc. cit.*, n°ˢ 5042 à 47. — Larnaude, *op. cit.*, p. 237 et suivantes. — Cohendy, *op. cit.*, p, 123 et suivantes. — Blondel, *op. cit.*, p. 234 et suivantes.

B. *Héritiers du donateur.*

Ce que nous dirons des héritiers doit être étendu à tous les successeurs universels ou à titre universel du donateur, et pour les mêmes raisons.

Nous retrouvons ici l'influence de la controverse examinée plus haut au sujet de l'origine de la transcription.

Pour ceux en effet qui prétendent que cette formalité a été empruntée au droit ancien et que la transcription de l'article 939 du Code civil provient de l'insinuation de l'ordonnance de 1731, les héritiers du donateur peuvent se prévaloir du défaut de transcription. Mais pour ceux qui voient dans la loi de brumaire l'origine de la transcription du Code civil, soit qu'ils éclairent la matière uniquement par la loi de brumaire, soit qu'ils voient comme nous dans cette formalité un emprunt à cette même loi, mais soumise aujourd'hui à des règles propres, il ne saurait être douteux que ce droit doit leur être refusé. Certains leur accordent pourtant cette faculté : en effet, disent-ils, les héritiers sont intéressés, car ils peuvent avoir accepté une succession qu'ils croyaient bonne dans l'ignorance où ils étaient de la donation faite par leur auteur.

Ils argumentent encore d'analogie avec l'article 783 du Code civil qui accorde aux héritiers le droit de faire rescinder leur acceptation pour cause de lésion au cas où « la succession se trouverait absorbée ou diminuée de plus de moitié par la découverte d'un testament inconnu lors de l'acceptation. »

En ce sens : Malleville, sur l'article 941. — Bugnet sur Pothier, t. VIII, p. 839. — Mourlon, répét. écrites, t. II, n°s 701 et 702, et Transc., t. II, n°s 427 et suivantes. — Demante, t. IV, n° 82 *bis*. I).

Sans nous préoccuper de ce que cette opinion peut avoir d'illogique, nous répondrons à ses partisans en invoquant la maxime « Hæres personam defuncti sustinet. » L'héritier ne peut avoir plus de droit que son auteur et il est tenu de ses obligations.

Quant à l'argument tiré de 783, il ne prouve rien, à nos yeux, car, en ne soumettant à transcription que les donations de biens susceptibles d'hypothèque, le législateur a bien montré qu'il n'entendait faire qu'une loi de crédit, et qu'il ne se préoccupait pas de l'intérêt des héritiers.

D'ailleurs ceux-ci ont la ressource de n'accepter la succession que sous bénéfice d'inventaire.

Notre solution que dicte la logique, présente il est vrai des inconvénients pour les héritiers : aussi certains leur accordent-ils une action en dommages-intérêts contre le donataire négligent qui, en ne faisant pas transcrire, leur a causé un préjudice. Mais ces auteurs oublient que si le donataire a la possibilité de faire transcrire, il n'en a pas l'obligation : il s'expose à un péril en ne transcrivant pas, mais ne commet aucune faute (Delvincourt, t, II, p. 75, n° 65).

L'héritier du donateur ne peut donc, d'après nous, invoquer le défaut de transcription d'une donation faite par son auteur, et cela, sans qu'il y ait lieu de distinguer s'il est héritier pur et simple ou héritier bénéficiaire. Si, dans ce dernier cas, il n'est tenu qu'*intra vires successionis*, il n'en est pas moins le continuateur de la personne du donateur.

Il y a pourtant une hypothèse où, d'après nous, l'héritier bénéficiaire pourra valablement invoquer le défaut de transcription d'une donation faite par son auteur. Cette hypothèse est la suivante :

Primus donne l'immeuble A à *Secundus* qui ne fait pas transcrire et ensuite à *Tertius* qui fait transcrire et devient postérieurement héritier bénéficiaire de *Primus*. Il pourra opposer le défaut de transcription à *Secundus*, car ce n'est pas, en qualité d'héritier, mais en celle d'acquéreur qu'il agit, son acceptation bénéficiaire ayant eu pour effet d'empêcher la confusion de se produire entre son patrimoine et celui de son auteur.

Les créanciers des créanciers ne pouvant avoir plus de droits que leur auteur ne pourront, pas plus que lui, invoquer le défaut de transcription de la donation.

En ce sens : Toulouse, 29 mars 1808, *Pand. chron.* — Angers, 8 avril 1808, D. A., 5, 561. — Limoges, 10 janv. 1810, *Pand. chron.* — Cass., 18 Déc. 1810; D. A., 5, 570, — 17 avril 1810, D. A., 5, 559, — 23 août 1814, *Pand. chr.* — Besançon, 6 juin 1854, S. 54, 2, 724. — Orléans, 6 juin 1868, D. P., 68, 2, 194. — Merlin, Rep, Don., section VI, § 3. — Duranton, t. VIII, N° 518. — Marcadé, sur l'article 941, N° 3. — Poujol, sur l'article 941, N° 5. — Demangeat, note sur l'article 941. — Troplong, t. II, N°ˢ 1176 et 77. — Aubry et Rau, t. VII § 704, p. 388, texte et note 27. — Demolombe, t. III, N° 307. — Baudry-Lacantinerie, t. II, p. 466 Larmaude, *op- cit.*, p. 117 et suivantes. — Coupelon, *op. cit.*, p. 197 et suivantes.

C. — *Personnes chargées de faire transcrire*

La loi, dans certains cas, impose l'obligation de faire transcrire à certaines personnes dans un but de protection pour les incapables. Les parties peuvent également convenir que telle personne désignée devra remplir cette formalité.

Ces personnes que la loi ou la convention chargent du soin de rendre la donation publique, quoi qu'elles puissent, dans la suite, devenir des tiers intéressés, ne pourront pas invoquer le défaut d'accomplissement d'une formalité qu'ils devaient remplir.

Une donation est faite à un mineur, l'article 940 impose au tuteur l'obligation de faire transcrire cette donation. Si celui-ci néglige de remplir cette formalité et acquiert ensuite du donateur l'immeuble précédemment donné à son pupille, ou se fait conférer par le donateur une hypothèque sur ce même bien, il ne pourra se prévaloir du défaut de transcription.

Outre, en effet, qu'il est tenu par la maxime *quem de evictione tenet actio, eumdem agentem repellit exceptio* ; il serait singulier qu'une négligence de sa part devînt pour lui la source d'un droit. De plus, le motif qui a fait exiger la transcription : à savoir la protection des tiers qui pourraient traiter dans l'ignorance de la donation, fait ici défaut, puisque ceux qui sont chargés de faire transcrire la donation savent nécessairement que l'objet donné ne fait plus partie du patrimoine du donateur.

Dans le cas où une donation serait faite conjointement à des majeurs et à des mineurs, l'exception de garantie opposée par les mineurs à leur tuteur ne profitera pas aux majeurs.

D. *Ayants-cause des personnes chargées de faire transcrire.*

L'art. 941 du Code civil excepte également les ayants-cause des personnes chargées de faire transcrites.

« Les ayants-cause comprennent évidemment les successeurs universels et à titre universel : En effet, ou bien ayants-cause désigne les successeurs universels et à titre universel en même temps que les successeurs particuliers, ou bien il ne désigne que les successeurs particuliers, c'est alors que le législateur a jugé inutile d'excepter les successeurs universels ou à titre universel des personnes chargées de faire transcrire après avoir excepté ces personnes, comme il a jugé inutile d'excepter les héritiers du donateur après avoir excepté ce dernier (*Pand. Franc.*, *loc. cit.*, n° 5052).

Les héritiers des personnes chargées de faire transcrire ne peuvent donc pas, d'après nous, opposer le défaut de transcription. Tenus des mêmes obligations que leur auteur, ils ne peuvent avoir plus de droits que lui, et pourront par conséquent se voir opposer l'exception de garantie et ce pour le tout ou pour partie suivant que l'on admet la divisibilité ou l'indivisibilité de l'obligation de garantie.

Dans notre sens : Merlin, Rep. don., section VI, § 3 et quest. de Droit D. Transc., § 6, n° 5 *in fine*. — Aubry et Rau, t. VII, § 704, p. 393. — Demolombe, t. III, p. 322. — Larnaude, *op. cit.*, p. 240.

Pour ce qui est des successeurs particuliers à titre gratuit ou à titre onéreux des personnes chargées de faire transcrire, il faut, d'après nous, distinguer deux hypothèses, suivant que la donation émane ou non de la personne chargée de faire transcrire.

Nous verrons que, dans le cas où le donateur est chargé de faire transcrire, ses ayants-cause à titre particulier, quand ils invoquent le défaut de transcription d'une donation faite par leur auteur, le font en tant que tiers intéressés et doivent, par conséquent, être admis à se prévaloir du défaut de publicité.

Si, au contraire, la donation émanait d'un tiers, malgré l'intérêt qu'ils pourraient avoir à méconnaître la donation non transcrite, ne pouvant agir qu'en qualité d'ayants-cause de la personne chargée de faire transcrire, ils se verront repoussés de leur prétention.

Première hypothèse. — La donation est faite par une personne autre que celle chargée de faire transcrire.

Primus donne l'immeuble A à une femme mariée. La donation n'est pas transcrite. Le mari devient ensuite acquéreur de l'immeuble donné : les successeurs particuliers du mari (acheteurs, donataires ou créanciers) pourront-ils se prévaloir du défaut de transcription ?

Non, à notre avis ; ce sont bien les ayants-cause du mari chargé de faire transcrire. « Toutes ces personnes ne peuvent, en effet, prétendre exercer un droit quelconque sur l'immeuble donné qu'en invoquant le droit du mari lui-même, leur auteur ou leur débiteur, en se substituant à lui (art. 1166. C. c.). Or, « qui alterius jure utitur, eodem jure uti debet ». Les mêmes

exceptions opposables au mari leur seront opposables »
(*Pand. Franc., loc. cit.*, n° 5069).

Cette solution est très conforme à l'esprit de l'article 941 du Code civil et quoiqu'en sens contraire de celle que nous avons donnée sur la question de savoir si les ayants-cause à titre particulier du donateur peuvent invoquer le défaut de transcription, n'est nullement en contradiction avec elle. Le but, en effet, que s'est proposé le législateur en édictant l'article 941 du Code civil est de protéger contre les inconvénients pouvant résulter pour eux de la clandestinité d'une donation, ceux qui traiteraient avec le donateur. Il n'a nullement eu en vue la protection des ayants-cause des personnes chargées de faire transcrire. Ajoutons enfin que cette solution n'a rien que de très conforme aux principes du Code civil sur la transmission à titre gratuit des biens susceptibles d'hypothèque.

Si, en effet, le Code civil, après avoir dit dans l'article 938 que la propriété se transfère par le seul consentement des parties, pose en principe que pour que la transmission soit valable à l'égard de certaines personnes qu'il indique, il faut que la donation ait été rendue publique, en donnant comme sanction à l'obligation qu'il impose que ces personnes pourront considérer comme non avenue la donation clandestine, c'est qu'il considère qu'à l'égard de tous ceux qui ne peuvent se prévaloir du défaut de transcription la propriété est transférée *solo consensu*.

Or, le mari dans notre hypothèse est une de ces personnes. A ses yeux donc, la propriété de l'immeuble a bien été transmise indépendamment de la transcription et il n'a pu valablement acquérir ni conférer de droits sur cet immeuble.

En ce sens : Agen, 15 déc. 1851. D. P. 52, 2-88. — Paris, 2 janv. 1854. D. P. 54, 2-59. — Colmar, 26 nov. 1868, S. 69, 2-193. — Aubry et Rau, t. VII, § 704, p. 394, texte et note 37. — Demolombe, t. III, n° 323. Lrnaude *op. cit.*, p. 241.

Deuxième hypothèse. — La donation est faite par la personne chargée de faire transcrire.

Un mari donne un immeuble à sa femme. Chargé par l'article 940 de faire transcrire, il néglige de le faire et vend ensuite l'immeuble à Primus ou lui constitue une hypothèse sur ce même bien.

Primus, à notre avis, pourra se prévaloir du défaut de transcription de la donation. Il invoque en effet un droit à lui propre, un droit direct sur le patrimoine du donateur : Peu importe que son auteur fût ou non chargé de requérir la transcription. Contrairement à ce que nous avons vu dans la première hypothèse, tant que la donation faite par le mari à sa femme n'a pas été transcrite, le mari est resté propriétaire vis-à-vis des tiers, et a pu valablement aliéner ou constituer une hypothèque. Primus, tiers acquéreur ou créancier, invoquant le droit qu'il a pu légalement acquérir de lui, n'a pas à se préoccuper de l'obligation qui grevait le mari.

Mais si dans cette deuxième hypothèse la femme ne peut pas revendiquer contre les ayants-cause à titre particulier de son mari, elle est autorisée en vertu des articles 2121 et 2135 du Code civil à poursuivre hypothécairement contre les tiers détenteurs des immeubles de son mari, autres que ceux compris dans la donation, l'indemnité dont elle est créancière, et que nous lui avons reconnue précédemment. Les tiers détenteurs ont, comme nous l'avons également vu, la faculté de purger (Cass., 10 mars 1840. D. P., 40, 1, 134 et sur renvoi. Angers, 10 mars 1841, 5, 41, 2, 187. — Aubry et Rau, t. VII, § 705, p. 398, texte et note 3).

On a fait contre notre système différentes objections.

On a dit en premier lieu que l'article 941 ne distingue pas. Mais, s'il ne distingue pas, il ne précise pas non plus ce qu'il faut entendre par tiers et par ayants-cause. Or pour déterminer le sens et la portée de ces deux mots, sens et portée essentiellement relatifs, il ne faut jamais perdre de vue « les lois de la matière dont il s'agit » (Arrêt de la Cour de cassation du 4 janvier 1830, D. P. 30, 1, 50). Il faut le faire *secundam subjectam, materiam*. Tel est un tiers dans un cas qui est un ayant-cause dans l'autre.

On invoque encore l'intérêt des incapables.

Mais, outre que l'intérêt des tiers mérite également protection, nous avons vu que l'incapable est garanti par un recours contre les tiers détenteurs.

On ajoute que les articles 30 et 31 de l'ordonnance de 1731 étaient entendus en ce sens que les successeurs à titre singulier de la personne chargée de faire insinuer ne pouvaient, pas plus que cette personne elle-même, invoquer le défaut d'insinuation.

Mais rien n'est moins sûr que cette interprétation : l'ordonnance de 1731 disait bien que les ayants-cause des personnes chargées de faire insinuer ne pouvaient se prévaloir du défaut d'insinuation, mais elle ne disait pas ce qu'il fallait entendre par ayants-cause. Quant aux auteurs, ils étaient loin d'être d'accord sur le sens et la portée des articles 30 et 31, et leurs explications sont si contradictoires qu'il est impossible d'en tirer une donnée certaine (Furgole : sur les articles 30 et 31 de l'ordonnance de 1731. — Pothier : Introduction au titre XV de la *Coutume d'Orléans*, n° 61).

En notre sens : Cass. 10 janv. 1830 précité. — Troplong, t. II, n° 1187. — Aubry et Rau, t. VII, § 704, p. 394, texte et note 37. — Demolombe, t. III, n°s 226 et 327. — Mourlon, Transc. t. II, n° 443.

Contra : Cass. 4 juin 1823. D. A. 10-660. — Agen, 13 janv. 1836, D. P. 36, 2, 120. — Merlin, *quest. de Droit*. Transc. § 6, n° 5. — Grenier, t. II, n° 168 *bis*. — Larnaude, *op. cit.* p. 244 et suiv.

E. — *Donataire.*

Pas plus que le donateur, le donataire ne peut être admis à invoquer le défaut de transcription d'une donation à lui faite, même dans les cas exceptionnels où il aurait intérêt à le faire comme dans l'hypothèse suivante.

Un partage d'ascendant portant atteinte à la réserve d'un des donataires n'a pas été transcrit. L'action en réduction étant éteinte par dix ans, le donataire lésé ne pourra pas invoquer le défaut de transcription de la donation pour la faire considérer comme non avenue (Poitiers, 10 juin 1851 précité).

En effet si l'article 941 ne mentionne pas le donataire parmi les personnes ne pouvant se prévaloir du défaut de publicité, l'article 938 déclare que la donation est parfaite à son égard, dès qu'elle a été duement acceptée.

Et le législateur en prescrivant la transcription des donations n'a pas eu en vue la protection du donataire (Poitiers, 10 juin 1851. D. P. 53, 2, 11. — Toulouse, 28 juillet 1853. D. P. 54, 2, 58. — Cass. 1er mai 1821. D. P. 61, 1, 323. — Orléans, 6 juin 1868. D. P. 68, 2, 194. — Aubry et Rau, t. VII, § 704, p. 393. — Demolombe, t. III, n° 312. — Larnaude, *op. cit.* p. 233.

F. — *Ayants-cause du donataire.*

Les successeurs universels et à titre universel du donataire ne pouvant avoir plus de droits que leur auteur, il est hors de doute qu'ils ne peuvent invoquer le défaut de transcription d'une donation, lors même qu'ils y auraient intérêt.

Ce droit doit également d'après nous être refusé aux successeurs particuliers, tiers acquéreurs, créanciers hypothécaires ou chirographaires, alors même qu'ils y auraient intérêt comme dans l'hypothèse suivante.

Une personne achète un immeuble d'un donataire qui n'a pas fait transcrire la donation qui lui en a été faite et la femme du donataire exerce sur cet immeuble le droit de suite que lui confère son hypothèque légale (Nancy, 27 juillet 1875, 76, 2, 129.

L'article 941 dit bien, en effet, que le défaut de publicité pourra être invoqué par toute personne intéressée, sauf par celles qu'il excepte, sans faire comprendre dans l'exception les ayants-cause du donataire. Mais ce serait aller contre le but de la loi que leur accorder ce droit. La loi n'a voulu, en effet, protéger que ceux qui tiennent leurs droits du donateur, car c'est à ceux-là seuls que le défaut de transcription peut laisser croire par erreur, que la propriété réside toujours sur la tête du donateur.

Le tiers acquéreur ou créancier doit toujours être

considéré comme l'ayant cause du donataire alors même que le donateur aurait vendu solidairement avec le donataire ou se serait engagé solidairement avec lui. Son intervention au contrat ne peut pas effacer les droits réels existant du chef au donataire et ne peut que faire naître une action personnelle en garantie au profit du tiers acquéreur ou créancier. En vain, celui-ci objecterait-il que l'état des transcriptions qu'il s'est fait délivrer ne mentionnait pas la donation, et que, si en fait il a connu cette dernière, en droit il ne la connaissait pas. Le donateur n'a pas pu transmettre la propriété d'une chose qui ne lui appartenait pas. Il est bien l'ayant-cause du donataire, et comme tel ne peut se prévaloir du défaut de transcription de la donation quoiqu'il puisse y avoir intérêt comme dans l'espèce suivante.

Une donation préciputaire a été faite par un père à sa fille mariée sous le régime dotal. Si, du vivant du père, les créanciers chirographaires de la femme n'ont pas intérêt à faire tomber la donation, car alors le bien donné rentrerait dans le patrimoine du père, il en est autrement à la mort du père, si le contrat de mariage ne frappe pas de dotalité les biens futurs de sa fille, car alors le caractère de dotalité tombera et les biens donnés, considérés comme héréditaires seront des biens paraphernaux (Toulouse, 28 juillet 1853. D. P. 54, 2, 58.

SECTION 2*. — Des effets du défaut de transcription
d'après la loi du 23 mars 1855.

La transcription exigée par la loi de 1855 n'est, comme celle du Code civil, qu'une formalité extrinsèque. L'acte non transcrit n'a qu'une efficacité purement relative et ne peuvent l'attaquer que certaines personnes indiquées par la loi et sous des conditions fixées par elle.

L'article 3 de la loi du 23 mars 1855 n'admet à se prévaloir du défaut de transcription que « les tiers qui ont acquis des droits sur l'immeuble, et qui les ont conservés en se conformant aux lois. »

Trois conditions sont exigées : il faut être un tiers, avoir acquis un droit sur l'immeuble, et avoir conservé ce droit conformément à la loi.

A. — Il faut être un tiers, c'est-à-dire ne pas avoir été partie contractante comme donateur ou donataire, ou ne pas être le successeur universel ou à titre universel d'une de ces deux personnes.

Ainsi le donateur d'une servitude ne serait pas admis à invoquer le défaut de transcription de la donation par lui faite, soit pour se prétendre encore saisi de la propriété de la servitude à l'égard d'un sous-acquéreur qui aurait fait transcrire la vente que lui aurait consentie le donataire, soit pour faire valoir contre lui son privilège ou son action résolutoire qu'il n'aurait pas conservés par une inscription prise en temps utile.

Troplong, nᵒˢ 48, 144, 164, 165. — Dalloz, *Rep. Transc.* nᵒ 460. — Duverger. *De l'effet de la Transc.* — Demolombe, t. XXIX, 450 à 453.

Quant aux héritiers, il n'y a pas lieu de distinguer s'ils sont purs et simples ou bénéficiaires, sauf dans l'hypothèse suivante.

Une personne donne à Primus qui ne fait pas transcrire un droit de servitude sur un de ses immeubles, puis il donne la même servitude à Secundus qui transcrit et qui devient héritier bénéficiaire du donateur. La séparation, qu'opère entre les deux patrimoines du donateur et de l'héritier l'acceptation bénéficiaire de Secundus, permet à ce dernier de faire abstraction de sa qualité d'héritier, et de n'invoquer le défaut de transcription de la donation faite à Primus qu'en tant que tiers acquéreur, s'étant conformé aux lois pour la conservation de son droit (Demolombe, t. XXIV, nᵒ 457. — Aubry et Rau, t. II, § 209, p. 461, note 88, *Contra.* — Dalloz, *Rep. Transc.*, 462 et 463.)

B. — Il faut avoir acquis, sur l'immeuble, un droit soumis pour sa conservation à une formalité telle qu'une transcription ou une inscription.

L'article 3 de la loi de 1855 s'exprime d'une façon plus large que la loi de brumaire qui exigeait que l'on ait « contracté avec le vendeur », excluant ainsi des personnes telles que les créanciers à hypothèque légale ou judiciaire, ainsi que les ayants-cause et les créanciers hypothécaires des précédents propriétaires, auxquelles le droit d'invoquer le défaut de transcription devait être accordé pour atteindre le but que le législateur avait en vue.

Ainsi, peuvent d'après l'article 3 de la loi du 23 mars 1855, invoquer le défaut de transcription d'une donation soumise à cette formalité par cette même loi, non seulement tous ceux qui ont acquis des droits réels sur cet immeuble, mais même ceux qui n'ont acquis que des droits personnels de bail et d'antichrèse, sujets à transcription.

Ainsi le droit d'opposer le défaut de transcription de la donation d'une servitude d'un droit d'usage ou d'habitation doit être accordé sous la condition exprimée ci-après (C).

α) A un deuxième acquéreur à titre gratuit ou à titre onéreux.

β) A ceux auxquels ont été constituées des servitudes personnelles ou réelles.

γ) A un preneur à bail pour plus de dix-huit ans, ou à un créancier antichrésiste.

δ) Aux créanciers hypothécaires, sans distinguer si leur hypothèque est conventionnelle, judiciaire ou légale, et si elle a été consentie avant ou après la donation non transcrite (Demangeat sur Bravard : *Traité de droit commercial*, p. 296 à 298. — Nancy, 29 décembre 1879. D. P., 80, 2, 119. — Cass., 23 avril 1884, D. D., 85, 1, 19.

ε) Aux créanciers chirographaires d'une successsion qui ont demandé la séparation des patrimoines dans l'opinion de ceux qui considèrent cette formalité comme conférant un véritable privilège.

ξ) Aux créanciers chirographaires du donateur failli lorsqu'ils ont acquis un droit sur l'immeuble donné par l'inscription de l'hypothèque de la masse.

Mais ce droit devrait être refusé :

Aux ayants-cause même à titre particulier du vendeur qui ne seraient pas assujettis pour la conservation de leurs droits, à la formalité de l'inscription ou à celle de la transcription : tels que : un preneur à bail pour dix-huit ans et au-dessous dont le titre est postérieur à la donation de l'immeuble loué (Demolombe, t. XXIV, 457).

A un légataire à titre particulier d'un immeuble que le défunt aurait donné avant la confection de son testament (Mourlon, *Transc.*, II, 435 et 438).

Aux créanciers chirographaires du donateur et des précédents propriétaires en dehors des cas indiqués ci-dessus (B. ε. ξ).

Dalloz, *Rep. Transc.* n° 469. — Supp. *ibid.* n° 160. — Aubry et Rau, t. II, § 209, p. 311, note 91.

La loi hypothécaire belge de décembre 1851 leur accorde ce droit : l'article 1er porte en effet que peuvent opposer le défaut de transcription « les tiers qu'auraient contracté sans fraude ». Tandis qu'il ressort clairement du rapport de M. de Belleyme que les mots : « qui ont des droits sur l'immeuble » ont été ajoutés à la rédaction primitive de l'article 3 de notre loi de 1855 pour écarter les prétentions des créanciers chirographaires. « Le principe est certain, mais est-il bien rationnel ? Quel fondement le légitime ? Par quelles considérations l'explique-t-on ? Voilà ce que nous avons vainement cherché. Si l'erreur dans laquelle les acquéreurs les induisent par la clandestinité de leurs titres peut leur causer un préjudice, pourquoi ne pas leur venir en aide ? Leur sécurité est-elle donc si étrangère à l'organisation du crédit, au mouvement régulier des affaires, au bien public en un mot qu'on doive n'en tenir aucun compte ? Comment ne voit-on pas que les abandonner ainsi, c'est, au lieu de créer la confiance, l'anéantir au contraire, puisque c'est rendre partout impérieusement nécessaire l'intervention des garanties hypothécaires. Le crédit n'atteindra sa dernière perfection que du jour où l'on pourra se passer du secours de l'hypothèque. Si donc le principe de la publicité est juste, il est d'ordre public, il doit être la sauvegarde de tous ceux, quels qu'ils soient, qui, à un titre ou à un autre, peuvent avoir intérêt à connaître la mesure du crédit qu'ils peuvent faire au propriétaire avec lequel ils se mettent en rapport d'affaire » (Mourlon, *Transc.*, II, p. 48, n° 434).

On doit également refuser ce droit aux créanciers

chirographaires de la succession du donateur qui n'ont pas demandé la séparation des patrimoines, ou même dans ce cas, pour ceux qui pensent que cette formalité ne fait que conférer aux créanciers un simple droit de préférence sans droit de suite (Aubry et Rau, 2, § 209, et § 619, texte n° 5, *b* et *c*.

Aux créanciers chirographaires ou hypothécaires qui ont pratiqué une saisie sur l'immeuble donné, alors même que la saisie aurait été transcrite. La transcription de la saisie ne confère, en effet, aucun droit sur l'immeuble saisi qui n'en demeure pas moins la propriété du saisi, sans pourtant qu'après cette formalité celui-ci puisse en disposer au préjudice des créanciers saisissants (Cass. 31 août 1881. D. P. 82-1-17.)

C) Il faut avoir conservé son droit sur l'immeuble conformément aux lois.

Nous venons de voir que le défaut de transcription ne peut être invoqué que par les tiers qui ont acquis sur l'immeuble donné un droit soumis pour sa conservation à une formalité telle que l'inscription ou une transcription, mais encore faut-il que cette formalité ait été remplie avant la transcription de la donation attaquée, sauf pourtant le cas où la loi aurait dispensé expressément ce droit d'aucune formalité pour sa conservation.

Cette condition n'est pourtant plus requise quand une personne oppose le défaut de transcription, non de son propre chef, mais du chef d'une personne qui a conservé ses droits en se conformant à la loi.

Il n'y a là qu'une application de l'article 1166, en vertu duquel nous accorderons au sous-acquéreur qui n'a pas fait transcrire alors que son auteur a accompli cette formalité, le droit d'invoquer le défaut de transcription de tout titre antérieur à la transcription du titre de son auteur à toute personne tenant ses droits du vendeur ou donateur originaire (Aubry et Rau, t. II, § 209, p. 466.)

En cas de collision entre personnes tenant leurs droits du même auteur, celle-là triomphera qui aura fait transcrire son titre le premier.

Mais si les personnes en conflit tiennent leurs droits d'auteurs différents, il faudra que tous les titres des auteurs médiats et immédiats de celui qui veut opposer le défaut de transcription aient été également transcrits ou inscrits.

(Aubry et Rau, t. II, § 209, p. 467 et suivantes, et les auteurs qu'ils citent.)

Des personnes pouvant opposer le défaut de transcription dans les législations étrangères,

Législation belge.

Nous avons vu précédemment que la loi hypothécaire belge du 16 décembre 1851 faisant table rase, avait établi un système complet et uniforme relativement à la transmission de la propriété immobilière.

Désormais, tout acte translatif de propriété immobilière, à titre onéreux ou à titre gratuit doit être transcrit. Comme sanction, l'article 1er décide que jusqu'à
la transcription, ces actes ne pourront être opposés
« aux tiers qui auraient contracté sans fraude. » Les
mots « avec le vendeur » qui terminaient la phrase de
la loi de brumaire, an VII, ont été supprimés comme
ne cadrant pas avec le système de publicité nouveau,
plus large que celui de la loi de brumaire.

Les mots « tiers qui auraient contracté » prêtent à
l'amphibologie : Nous avons vu que le législateur français de 1855 s'était franchement écarté de cette for-
mule afin d'accorder, sans doute possible, la faculté
d'invoquer le défaut de publicité à tous ceux ayant
sur l'immeuble des droits quels qu'ils soient, droits
compromis par la non publicité.

Il ne saurait faire de doute que telle a été aussi la
pensée du législateur belge.

Mais quels sont les tiers dont parle la loi belge?
Nous avons vu précédemment que le sens du mot
tiers doit être déterminé « secundam subjectam materiam » d'après l'objet de la disposition où il est
employé. Or, il est évidemment opposé ici aux mots,
« parties contractantes », la loi établissant le principe
qu'entre celles-ci la propriété se transfère par le seul
effet du contrat. Et l'article 1 ne permettant pas aux
tiers de se prévaloir du défaut de transcription lorsqu'ils auront eu connaissance de l'acte non transcrit,

il faut évidemment entendre par tiers ceux qui ne figurent pas à l'acte, et qui par suite n'en ont pas eu connaissance.

Donc, en résumé, pour pouvoir se prévaloir de la non publicité, il faut ne pas avoir été partie à l'acte et y avoir un intérêt quelconque, d'après le droit commun qui exige un intérêt pour agir en justice.

Ainsi, alors que pour pouvoir opposer le défaut de transcription, il faut, d'après la loi hypothécaire française, avoir acquis un droit sur l'immeuble, il suffit, d'après la loi belge, de ne pas avoir été partie à l'acte, et de justifier d'un intérêt quelconque ; ce qui, à l'inverse de la loi française, fait accorder ce droit aux créanciers chirographaires.

Nous ne saurions que répéter ici les paroles de Mourlon que nous avons citées lorsque nous avons constaté cet état de choses,

Par contre ne peuvent opposer le défaut de transcription les parties contractantes, leurs héritiers ou leurs successeurs généraux, lors même que l'héritier aurait accepté la succession sous bénéfice d'inventaire, ni les créanciers de l'héritier.

Nous avons fait plus haut, avec Mourlon, la critique du système de la loi de 1855 qui n'accorde le droit d'invoquer le défaut de publicité que lorsqu'on a acquis un droit sur l'immeuble, écartant ainsi les créanciers chirographaires, et avons donné sur ce point la préférence à la loi belge. Mais, est-ce à dire que celle-ci est exempte de critiques ? Ne dit-elle pas en effet que pour être admis à profiter de ses dispositions il faut avoir contracté sans fraude. « La sécurité des tiers est-elle complète dans un système où ils ont à craindre les effets d'actes non transcrits dont on déclarera plus ou moins arbitrairement qu'ils ont eu connaissauce. N'est-ce pas ouvrir la porte à des contestations infinies que d'admettre que la simple connaissance de fait supplée à la connaissance légale résultant de la formalité prescrite » (Martou. Commentaire de la loi de 1861, t. I)

Nous verrons dans le chapitre suivant que le système Français ne mérite pas ce reproche.

Législation italienne.

Nous avons vu que le législateur italien soumet à transcription tout acte entre vifs à titre gratuit ou à titre onéreux translatif de propriété immobilière ou d'autres biens ou droits susceptibles d'hypothèque, et les actes entre-vifs constitutifs ou modificatifs de servitudes foncières ; de droits d'usage et d'habitation ou transférant l'exercice d'un droit d'usufruit, ainsi que les actes de renonciation à l'un quelconque de ces droits (Art. 1932, 1°, 2° et 3°) empruntant ainsi à son confrère belge (le code italien date du 23 juin 1865) un système très complet de publicité.

Mais lorsqu'il s'est agi d'établir uue sanction à ce

principe, il a fait un emprunt à notre loi de brumaire qui, sur ce point, ne présente pas l'inconvénient que nous venons de signaler dans la loi belge et a décidé, (art. 1942) que : « tant que les jugements et actes énoncés en l'article 1932 (précité) n'ont pas été transcrits, ils n'ont aucun effet à l'égard des tiers qui ont acquis à un titre quelconque et légalement conservé des droits réels sur l'immeuble ».

PREMIER APPENDICE

La publicité des donations peut-elle se faite par équipollence.

Le but de la transcription des donations qu'elle soit exigée par le Code civil ou par la loi de 1855 étant de porter ces actes à la connaissance des tiers, ne peut-il pas se faire que lorsqu'une personne aura eu connaissance de la donation par une voie autre que la transcription, cette donation soit considérée comme parfaite à ses yeux indépendamment de cette formalité?

En d'autres termes, une personne, après avoir assisté, comme témoin par exemple, à une donation d'immeuble qui n'a pas été transcrite, et qui acquiert ensuite du donateur l'immeuble précédemment donné, peut-elle se prévaloir encore du défaut de transcription ?

L'ancien droit, après avoir d'abord admis la négative en vertu de la maxime « qui certus est amplius certari non debet » adopta avec Ricard, Furgole et Pothier la solution contraire. L'article 33, titre II, de l'ordonnance de 1737, qui décidait que les substitutions non insinuées ne devaient pas être considérées comme parfaites aux yeux des tiers qui en auraient eu connaissance par une voie autre que l'insinuation, était étendu aux donations ordinaires (Ricard, 1re partie, nos 1249 à 1253 —, Furgole sur l'article 27 de l'ordonnance 1731, — Pothier, don. entre vifs, section II, art. 3 § 5, no 119.)

L'article 1071 du code civil reproduit cet article de l'ordonnance 1737, et l'on doit d'après nous l'étendre aux donations comme on le faisait dans l'ancien droit.

Cette solution ne saurait faire de doute dans le cas où il y a eu concert frauduleux entre le donateur et le deuxième acquéreur.

Grenoble, 14 août 1869, D. P., 70, 2, 51. — Aubry et Rau, t. VII, § 704, p. 395, note 38. — Demolombe, t. III, n° 314. — Larnaude, *op. cit.*, p. 232.

La même solution doit, d'après nous, être étendue au cas où il n'y a pas eu concert frauduleux entre le donateur et le deuxième acquéreur.

Nous avons vu, en effet, que jusqu'à la transcription les tiers étaient autorisés à traiter avec le donateur comme si la donation n'était pas intervenue. La transcription seule a le pouvoir de faire considérer aux yeux des tiers la propriété comme valablement transférée.

Le tiers ne commet pas un quasi délit comme on l'a prétendu. (Coin-Delisle sur l'article 941, n° 21. — Boissonnade, *Rés. prat.* t. XXX, p. 537 et suiv.). Il ne fait qu'user d'un droit que la loi lui reconnaît. Mais le donateur se rend coupable en disposant du bien qn'il a déjà donné et nous avons vu que le donataire a, contre lui, une action en dommages-intérêts. — Rennes, 12 août 1842, D. Rep., Disp. entre-vifs, n° 1570. — Grenoble, 14 juillet 1824, D. P., 25, 2, 59. — Limoges, 16 mai 1839, S. 40, 2, 14. — Montpellier, 9 mai 1843, D. P., 45, 4, 507. — Caen, 9 nov. 1847, D. P., 48, 2, 12. — Paris, 2 mai 1860, D. P., 61, 2, 63. — Pau, 29 mars 1871, D. P., 71, 2, 245. — Poujol, sur l'art. 941, n° 3. — Troblong, *donations*, t. II, n° 1181, et *transc.* n° 180. — Aubry et Rau, t VII, § 704, p. 395, texte et note 39. — Mourlon. *Transc.*. t. II, n° 451. — Demolombe, t. III, n° 313. — Larnaude, *op. cit.*, p. 251.

Nous avons vu plus haut que sur ce point la loi belge s'écartait de la loi française et avons signalé les inconvénients qui résultaient de ce système.

DEUXIÉME APPENDICE

Du défaut de transcription dans ses rapports avec la prescription.

Deux systèmes sont à examiner suivant que la donation non transcrite émane du véritable propriétaire, auquel cas il y a lieu de se demander si le défaut de publicité peut être couvert aux yeux des tiers, par la prescription, ou suivant qu'elle émane d'un non-propriétaire. Le donataire pourra-t-il dans ce dernier cas être considéré comme ayant juste titre et bonne foi, et comme tel pourra-t-il invoquer contre le donateur ou ses ayants-cause la prescription décennale.

— Première hypothèse. — Un donataire ne fait pas transcrire une donation d'immeuble qui lui est faite par le véritable propriétaire de cet immeuble. La prescription ne peut-elle pas lui faire acquérir aux yeux des tiers la propriété que son titre non transcrit ne lui a transmise que dans ses rapports avec le donateur ou les ayants-cause de ce dernier ? Et dans le cas où il le pourrait, par quel laps de temps la prescription a-t-elle eu lieu et quel en est le point de départ ?

Il ne peut être question, actuellement comme on le faisait dans l'ancien droit (Potthier et Ricard) de considérer la prescription courant au profit du donataire négligent contre les tiers comme une prescription libératoire. Le défaut d'insinuation entachait le titre du donataire d'un vice qui le rendait annulable, et le donataire avait à prescrire l'action révocatoire des tiers intéressés.

D'après le Code civil, la donation non transcrite est inexistante aux yeux des tiers qui contractent ultérieurement avec le donateur. La prescription, à supposer donc qu'elle soit possible, ne peut être qu'une prescription acquisitive.

L'objection que faisaient Potthier et Ricard à l'opinion d'après laquelle le donataire ne pourrait pas prescrire, car son titre réclame contre lui : *suus titulus clamat contra se,* en disant que cette maxime ne s'appliquait qu'aux prescriptions acquisitives, cesse donc d'être vraie aujourd'hui. Mais ce n'est pas une raison pour dire, comme le fait une autre opinion, que le donataire ne pourra pas prescrire, car il n'est qu'un détenteur précaire possédant l'immeuble *tanquam rem alienam* cet immeuble étant encore au regard des tiers la propriété du donateur.

Cette opinion se base sur une conception fausse du détenteur précaire : tandis que le titre de ce dernier implique reconnaissance du droit d'autrui, le donataire dans notre hypothèse possède en vertu d'un titre qui n'a aucune existence aux yeux des tiers. C'est un possesseur sans titre pouvant donc se prévaloir du droit commun pour invoquer le bénéfice de la prescription.

Cette opinion est de plus contraire à l'équité, car elle traite plus sévèrement le donataire qui n'est coupable que d'une négligence que le possesseur de mauvaise foi (Mourlon, *Transc.* t. II, n° 508 et suiv.

Une deuxième opinion permet au donataire négligent d'invoquer le bénéfice de la prescription, mais celle-ci ne pourra avoir lieu que par trente ans qui ne commenceront à courir que du jour où un tiers aura acquis le droit d'agir contre le donataire. En effet, dit-elle, comme on ne prescrit pas contre rien, et qu'il ne peut être question de prescription contre le donateur, puisqu'à ses yeux le donataire est propriétaire, que « si la prescription peut éteindre ou transférer des droits existants, elle ne peut pas les empêcher de naître », il ne pourra être question de prescription tant que le donateur n'aura pas conféré à un tiers des droits incompatibles avec ceux du donataire. Alors seulement la prescription a sa raison d'être « à savoir un droit existant qu'elle peut transférer au possesseur, un danger d'éviction contre lequel elle peut le mettre à l'abri, enfin un adversaire armé d'une action pour la combattre en l'interrompant, conformément à la loi » (*Pand. Franc. loc. cit.*, n° 5119).

Mais, sans parler des conséquences exhorbitantes auxquelles aboutit ce système, la prescription qu'il admet n'est qu'une prescription libératoire. Or, nous avons vu que tel ne pouvait être aujourd'hui le caractère de la prescription courant contre les tiers au profit du donataire négligent.

Un troisième système permet au donataire de prescrire par dix ou vingt ans en le considérant comme de bonne foi d'une part, et comme ayant acquis d'autre part d'un *non dominus* : le tiers contre lequel il prescrivait devant être regardé comme ayant acquis le premier (Montpellier, 18 février 1866 et sur pourvoi, Cass. 16 juin 1869. D. P. 69, 1, 478. — Aubry et Rau, t. II, § 218, p. 380, texte et note 18.

Mais, si la négligence du donataire ne suffit pas pour caractériser la mauvaise foi, il est impossible de dire que le donataire a traité avec un *non dominus.* « Au moment de la donation, le donateur était propriétaire. En ne faisant pas transcrire la donation, le donataire a fait que le donateur a pu encore légalement disposer de sa chose : Donataire et acquéreur ont traité avec le véritable propriétaire » (Pand. Franc. *loc. cit.,* n° 5121. — Caen, 20 juillet 1874 et sur pourvoi Cass. 26 janv. 1876, D. P. 76, 1-169.

Après avoir admis le donataire négligent au bénéfice de la prescription, nous avons écarté la prescription décimale, car, si le donataire a bonne foi, il n'y a pas juste titre, la prescription de trente ans qui ne commencerait à courir que du jour où le donateur aurait consenti à un tiers un droit incompatible avec celui du donataire, car cette prescription est une prescription libératoire, contrairement au caractère que nous avons reconnu à la prescription du donataire.

Il ne nous reste donc qu'une solution possible : le donataire qui n'a pas fait transcrire ne pourra pas, au bout de trente ans de possession, être inquiété par les « tiers intéressés » quel que soit l'époque à laquelle ils aient acquis cette qualité.

Bordeaux, 26 février 1851, D. P. 52, 2-52, — Cass. 26 janv. 1876, précité. — Larnaude, *op. cit.*, p. 254.

DEUXIÈME HYPOTHÈSE. — Supposons maintenant que celui qui a fait la donation non transcrite, ne soit pas le véritable propriétaire et qu'un conflit s'élève entre ce dernier et le donataire.

Celui-ci pourra-t-il invoquer la prescription décimale ?

Nous le supposons de bonne foi : son titre transcrit peut-il être considéré comme un juste titre ?

Oui, à notre avis ; l'absence de transcription ne peut pas faire que la donation n'eut pas transféré la propriété si le donateur avait été propriétaire.

En vain, veut-on assimiler le donateur à un tiers intéressé, et en vain veut-on appliquer par analogie l'article 2180 du Code civil, aux termes duquel la prescription de dix ou vingt ans ne court au profit du tiers détenteur en ce qui concerne l'extinction des privilèges et hypothéques que du jour de la transcription de son titre. Cette disposition est toute spéciale. Les motifs, qui l'ont fait édicter n'existent pas dans l'hypothèse qui nous occupe et rien ne permet de l'appliquer au cas présent.

De plus, notre système hypothécaire est personnel ; c'est sous le nom de l'aliénateur que l'on transcrit. La négligence du donataire ne cause donc aucun préjudice au donateur.

En ce sens : Agen, 24 nov. 1842, D. P., 43, 2, 132. — Mourlon, *Transc.* t. II, n° 512. — Aubry et Rau, t. II, § 209, p. 319, texte et note 106. — Larnaude, *op. cit.* p. 253.

Contra : Lyon, 17 fév. 1834, D. P., 38, 2, 166. — Troplong, *Transc.*, n° 177 et suiv. — Sellier, *Commentaire de la loi du* 23 *mars* 1855, n° 303. — Demolombe, *oblig.* t. I, n° 462.

CHAPITRE II

En déterminant les effets du défaut de transcription, nous avons implicitement résolu la question de savoir quels sont les effets produits par l'accomplissement de cette formalité.

Comme nous l'avons vu, la transcription ne constitue certainement qu'une formalité purement extrinsèque (Merlin, *rep. don.*, section VI, § 3). « Elle ne concerne que les tiers et non les parties. Entre celles-ci la donation duement acceptée est parfaite par le seul effet du contrat sans formalité aucune, mais à l'égard des personnes que nous avons déterminées, le bien donné est censé resté dans le patrimoine du donateur jusqu'à l'accomplissement de la formalité de la transcription. L'effet de la transcription est donc d'enlever au donateur le droit de propriété relatif qu'il avait conservé, de consolider la propriété sur la tête du donataire et de rendre désormais absolue et opposable à tous la transmission qui s'était opérée seulement entre les parties. » (*Pand. franc., don.,* t. I, n° 4982.)

La donation transcrite est opposable à toute personne et ce, du jour où la transcription a été opérée. Il n'y a plus lieu aujourd'hui de distinguer, comme le faisait l'ordonnance de 1731, dans quel délai cette formalité a eu lieu ; elle opère sans effet rétroactif, *ut ex tunc*. Mais, contrairement à ce qui se passe en Allemagne, la transcription ne purge pas les vices dont peut être entachée la donation qu'elle rend publique. Elle ne fait que la consolider, mais sous réserve des clauses d'annulation.

Vu, le président de la thèse :
M. PLANIOL.

Vu par le doyen :
GARSONNET.

Vu et permis d'imprimer :
Le vice-recteur de l'Académie de Paris,
GRÉARD.

TABLE DES MATIÈRES

SAINT-AMAND (CHER). — IMP. DESTENAY, BUSSIÈRE FRÈRES

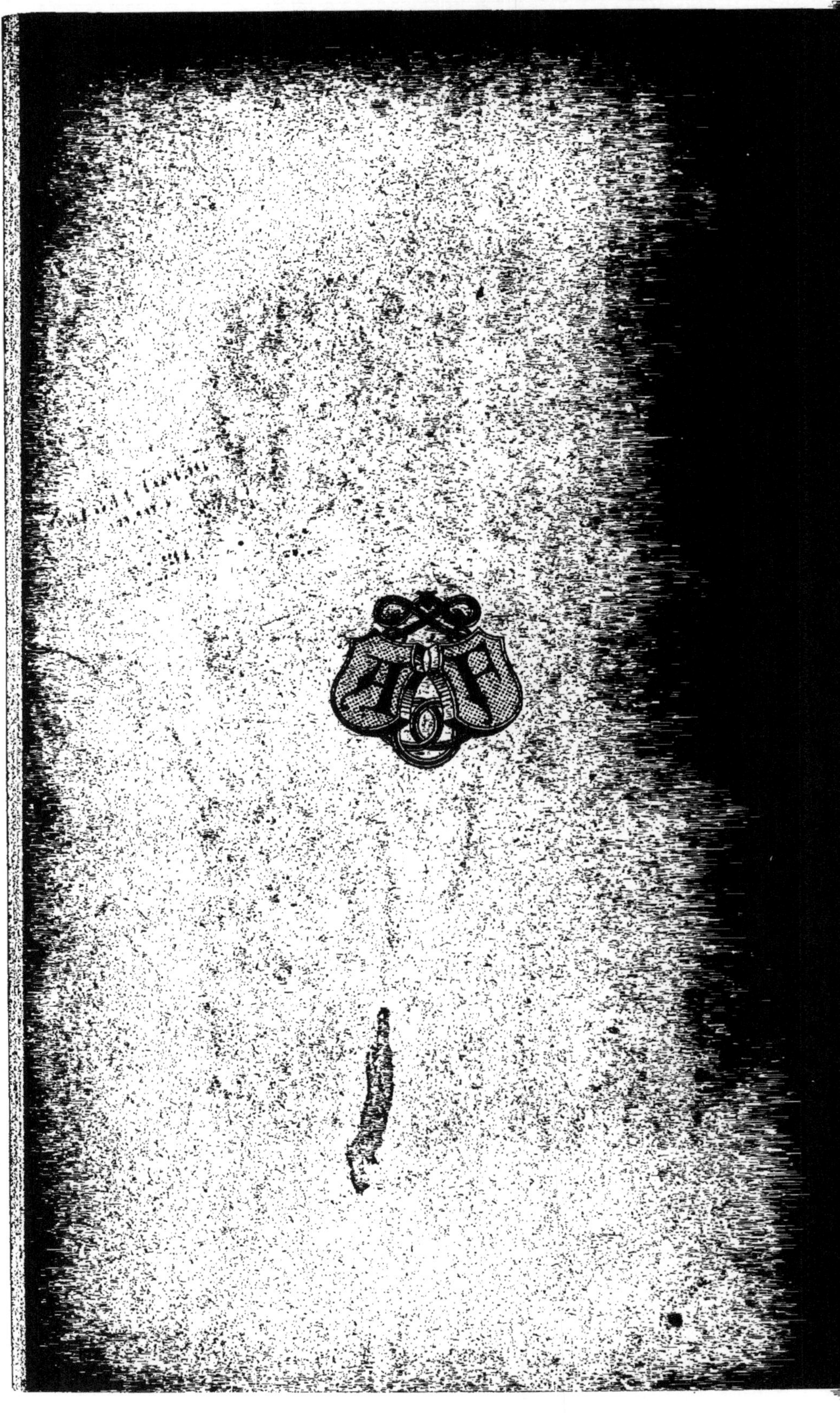

www.ingramcontent.com/pod-product-compliance
Ingram Content Group UK Ltd.
Pitfield, Milton Keynes, MK11 3LW, UK
UKHW020936140726
13695UKWH00003B/1075